大是文化

歷史上不可碰觸的詛咒

那些官方認證、當時的常理
無法解釋的不可思議現象，
至今能用科學解開多少謎團？

曾獲日本經濟新聞社
「星新一文學獎」
中川朝子——著
賴詩韻——譯

目錄

第二章 人體內部的神祕現象

推薦序一

人類文明，就是詛咒讓位給科學的歷史

《特搜！臺灣都市傳說》作者／謝宜安

二〇二一年三月底，臺灣的網路社群熱鬧了一週，因為長榮海運的「長賜號」，正卡在蘇伊士運河。

儘管這造成了航道壅塞、無數貨輪無法通過、重創國際海運，但長賜號卡住的畫面實在太讓人印象深刻，網路上甚至發展出「大排長榮」等迷因（按：meme，基於某個素材的再創作，製作出有趣、容易理解且能大量傳播的新素材，以圖片形式為大宗）圖片——這是發生在臺灣的事。

但回到蘇伊士運河旁的埃及，「大排長榮」發生的時間點其實很敏感，因為就在兩週後，埃及即將舉行運送法老木乃伊的遊行。加上當時埃及也發生其他死亡事故，有一說這是「法老的詛咒」。

聽起來似乎很荒謬，但若考量到著名的圖坦卡門（Tutankhamun，在位時期約為西元前一三三二至前一三二三年）詛咒，二〇二一年這次的法老詛咒，也並非那麼空穴來風。

要如何理解一件事，其實取決於我們觀看的角度。若說「大排長榮」是法老的詛咒這件事，讓人感到荒謬，是因為我們並不認為這個事件中有什麼難以解釋的謎團。但是，假使發生的是更難解釋的神祕現象呢？**當人們恐懼，但又找不到其他解釋來說明怪事，恐怕就只能說「這是冥冥之中的詛咒」**。

而人們能理解的事，會隨著科學、醫療的發展而有所改變。因此相對的，「詛咒」的範圍也有所改變。過去被視為詛咒的某些現象，隨著研究的發達，出現了新的科學解釋。因此，詛咒越來越少，科學越來越多——可以說**人類的**

文明，就是一段詛咒讓位給科學的歷史。

《歷史上不可碰觸的詛咒》爬梳的正是這段歷史。雖然乍看之下這本書像是怪力亂神的大集合，實際上卻是以詛咒為引子，簡介諸多的醫學小知識。許多不明病症在科學家們了解原因之前，時常被視為某種神祕的詛咒。而在本書中，作者即先展示某個現象的傳說，接著再像把它翻面一般，說明該現象的科學解釋。

例如，日本「鬼」的形象之所以是高大的青鬼與赤鬼，來自於死後屍體的變化；西洋「吸血鬼」的慘白膚色與吸血聯想，也與遺體土葬後的狀態脫不了關係。儘管書中也提及了預言、靈異照片等不可思議現象，但作者對於「超自然」的態度依然是節制的。

此外，本書還藉由謎團來介紹人們應當知道的醫學知識，像是大災難後人們容易因避難久坐而導致血栓，引發「經濟艙症候群」，作者貼心說明攝取水分與運動可以避免；海嘯後的粉塵，容易使人們罹患「海嘯肺炎」等。雖然這些症狀都沒有神祕到能成為傳說，但它們的致病原因本身就帶有傳奇性。

整體來說，這本書援引了許多知名的案例，排列出歷史上的謎團一個個因研究而明朗的歷程，提供一種入門級的知識性趣味。不禁讓人期待，現在無法解釋的各種謎團，在未來也會因為新發現而被逐一解開吧。

推薦序二

科學帶來希望，又將帶我們走向何處？

小說家／瀟湘神

若以一句話介紹這本書，大概是「身體獵奇史的羅列」。

當然，並非所有詛咒都反映在身體的變異上。但本書將「詛咒」羅列出來，為何這麼多都與「身體的變異」——例如遺傳疾病、畸形、怪症、屍體變化引起的聯想——有關？這讓我們不得不追問一個問題：詛咒是什麼？或是說，怎樣的現象會讓我們聯想到詛咒？

其實，對熟悉超自然的讀者來說，本書提出的案例頗為熟悉，許多甚至是上個世紀就流行過的奇談，像是法老王的詛咒、法國預言家諾斯特拉達姆斯（Nostradamus）的預言、尼斯湖水怪等。但作者對這眾多的超自然怪象提出了解釋——看似恐怖、令人膽寒的詛咒，是否可以從科學的角度破解？尤其是透過醫學、精神科學。換言之，**作者就像古代解除詛咒的巫醫，這是本解咒之書**。

事實上，那些科學解釋也不算稀罕，譬如狼人可能是多毛症衍生出來的想像，對熟悉超自然的讀者來說應該並不意外。但如此大量蒐集超自然異象，並以一貫的科學信念貫穿，建立起一種現代性的想像：所有詛咒都有科學解釋，我們生活在一個安全、無害的現代社會，不須害怕那些令人畏懼之物，這可說是值得欽佩的努力。

但是，**科學並不一定是全部的真相，那終究是其中一種解釋**。身為妖怪研究者，我對作者解釋河童的說法有些疑慮。作者將河童的顏色與形象特徵，解釋為溺死者的屍體變化，但即使我們對河童樣貌有類似想像，實際上在日本各地的傳說中，河童仍有不同長相。現在的共通想像，只是媒體出現後大量散布、複製之後的結果。各地不同的河童傳說，全都能以同樣的解釋破解嗎？這多少指出現代性想像的危險。科學解釋看似完美，其實也將傳說窄化了。科學解釋帶給我們安全感，反而可能讓我們忽視未被解釋到的危險。

然而，我認為**科學解釋是必經之路**。就像作者在書中援引種種曾被視為詛咒的疾病，要是不明白其背後的真相，根本無從防範。甚至，透過這種科學思考，我們也被迫察覺日常生活中習以為常的想像，其實未必經得起考驗。例如，我們會將流行病解釋為「大自然的反撲」，但大自然又沒意識，怎麼會反撲？這種說法其實不負責任，也不打算解決問題，只是單純將過錯推到非特定的全人類身上——只要有個怪罪的對象，自己就心安。

科學解釋只是一種解釋。在得到解釋的瞬間，我們確實會安心。但將某種科學解釋當成唯一正解，不也有風險嗎？透過本書，我們得以捨棄恐怖、與詛咒共存，但這是不是詛咒的終極解答？我認為，我們可以將此視為新的謎團，再度挑戰它。

前言
詛咒與超自然，背後的真相

魔法、怪物、靈藥、祈禱和詛咒。

這些無法用常理解釋的不可思議力量，從很早以前就抓住人們的心。不只日本，全世界都喜歡以這類題材從事創作。

本書想要揭開這些不可思議現象的神祕面紗。

面對令人毛骨悚然、無法理解的現象，人們往往存有偏見，本書希望從科學的角度打破這些偏見。

「詛咒」並不是邪惡之事。

揮別不可思議、超自然的印象，從全新的角度探索詛咒！

你知道「詛咒」（呪い）的真正意思嗎？

根據線上版《大辭泉》（按：日本小學館發行的中型辭典，其電子版截至二〇一八年十一月為止，收錄約三十萬個詞條）字典，詛咒的定義是**「透過神佛等不可思議存在的力量，引發或解除災難和疾病的法術」**。

因此，基於這項定義，只要符合「不可思議」和「法術」這兩個條件，大致都可以稱為「詛咒」。

一般人想像中的詛咒，幾乎都帶有負面印象。浮現在腦中的，不外乎是黑暗、恐怖、毛骨悚然等形容。一提到詛咒，不少人都避之唯恐不及。不過，如果從科學的角度解讀詛咒，就會有新奇發現！

本書將跳脫大家印象中「詛咒」黑暗與負面，以更廣角的觀點解讀「不可思議現象」。

第一章是「外部」的詛咒，主要探討世界各地的不可思議現象。以科學的力量解開怪物的真面目，以及各地流傳的奇怪現象。

第二章是「內部」的詛咒，以科學角度、微觀視角，考察人體內部產生的現象與變化。

第三章則是「未知」的詛咒，聚焦於近現代，以及推測今後可能會出現的新型態詛咒。

「你為什麼想寫有關詛咒的書呢？」我想，很多人都會有這個疑問。

從我懂事起，就一直對魔法、超自然現象和都市傳說等神祕事件感興趣。其中，詛咒尤其吸引我，任何與詛咒有關的故事，我都不會放過！

而隨著年齡漸漸增長，對現實世界了解越多，詛咒的魅力對我來說更是有增無減。原本以為只存在於想像中的奇怪現象，當它與現實連結起來，就會讓我感到非常興奮！

長大後，我踏上理科之路。我學習物理學、化學、生物學，之後則專攻醫學。我開始思考：「一直以來覺得不可思議的現象，搞不好是因為這項原理？」而當我理解了神祕現象背後的真相，更是感到興奮不已：「解開不可思議的謎團，原來這麼有趣！」

我期盼能透過本書，讓更多人了解詛咒和奇怪幻想的魅力，並感受用科學技術解開謎團的喜悅！

第一章 世界各地的傳說與謎團

提到詛咒，你可能會想到因個人怨念和憤怒，半夜潛入神社釘草人的情景。其實詛咒有許多形式，堪稱是人類發明裡最棘手的概念！

1 多數的超自然現象，背後都是科學

如果只是把詛咒當成上古時期的迷信，小心，你的背後……！開玩笑的。雖然說時至今日，詛咒形式已有所改變，但現代社會確實仍然存在著詛咒。

詛咒以各種形式侵蝕你我的現實生活，有時甚至遠比過去的怪異現象，還具有更強大的力量。因此，我們首先從現代詛咒開始剖析。

那麼，提到「詛咒」，你會先聯想到什麼？

是以詛咒為題材的作品嗎？還是那些讓你覺得難搞、厭惡的人？不論你想到的是毛骨悚然、恐怖，或是因為詭譎而特別具有魅力的事物，這裡我想先簡

單介紹日本是如何看待詛咒這件事。

詛咒相關作品最大國，日本

與詛咒相關的日本影視、漫畫作品，真的是多到數不清。比方說，好萊塢（Hollywood）也曾翻拍過的日本恐怖電影《七夜怪談》[1]，以及創造前所未有妖怪風潮的《鬼太郎》[2]和《妖怪手錶》[3]。

此外，還有熱門的作品《咒術迴戰》[4]和《鬼滅之刃》[5]。其中，《鬼滅之刃》帶來的經濟效益相當驚人。根據日本第一生命經濟研究所的調查資料，其造成的經濟效益少說也有兩千七百億日圓（按：相當於新臺幣約六百億元）。

這裡雖然只提到幾部作品，但其實日本以詛咒、魔法和妖怪當題材的人氣作品非常多。在還沒有這麼多奇幻作品以前，**人們會在夏季納涼時偷偷講怪談，各地還會舉辦試膽大會。要是世上沒有詛咒與妖怪，人們的生活應該會十**

分無趣吧！

即使在科學發達的現代社會，不可思議的詛咒仍然有其存在價值，而且也不是近幾年才有這種趨勢。

1 《七夜怪談》於一九九八年上映，一推出即造成轟動，續集有《七夜怪談：復活之路》、《七夜怪談2：貞子謎咒》、《七夜怪談0：貞相大白》等，好萊塢翻拍版為二〇〇二年上映的《七夜怪談西洋篇》（*The Ring*）。

2 已故漫畫家水木茂創作的漫畫作品，自一九六〇年開始連載。而自一九六八年起，大約每隔十年便會推出新一季電視動畫，最新的第六季動畫於二〇一八年播放至二〇二〇年。

3 原為日本電玩遊戲公司LEVEL-5開發的遊戲，二〇一四年起開始播放動畫，動畫與周邊商品相當受日本小學生歡迎。

4 日本漫畫家芥見下下的漫畫作品，二〇一八年開始於漫畫雜誌《週刊少年Jump》連載，其後發行單行本，截至二〇二二年七月為止，單行本累積發行量超過七千萬本。除了漫畫之外，也有改編電視動畫與動畫電影。

5 日本漫畫家吾峠呼世晴的漫畫作品，二〇一六至二〇一八年在《週刊少年Jump》連載，其單行本銷量已超過一億五千冊（截至二〇二一年二月）。

一九七〇年代，日本興起前所未有的超自然熱潮。除了著名的諾斯特拉達姆斯[6]預言，還出現超能力者和ＵＭＡ[7]的相關報導，許多內容都令人印象深刻。這個部分會在第三章提到。

至於日本詛咒的起源，可以追溯到創世神話。伊邪那美[8]生下眾多神明，奠定了國家基石，她對丈夫伊邪那岐[9]下的「死亡詛咒」，可以說是日本最早的詛咒。

6 十六世紀法國籍猶太裔預言家，留下以四行體詩寫成的預言集《百詩集》（*Les Prophéties*）。後世研究者從詩中看到不少歷史事件及重要發明的預言，因而吸引世界各地的崇拜者，其著作至今仍相當熱銷。

7 為未確認生物體（Unidentified Mysterious Animal）的縮寫，意指被少數人發現可能存在，但其存在與否備受爭議的生物。

8 日本神話中的母神。

9 日本神話中的父神，與伊邪那美既是夫妻也是兄妹。

▲日本江戶時代末期至明治初期的畫家小林永濯所繪〈以天瓊矛探滄海圖〉，圖中人物左為伊邪那美，右為伊邪那岐。（圖片來源：維基共享資源公有領域。）

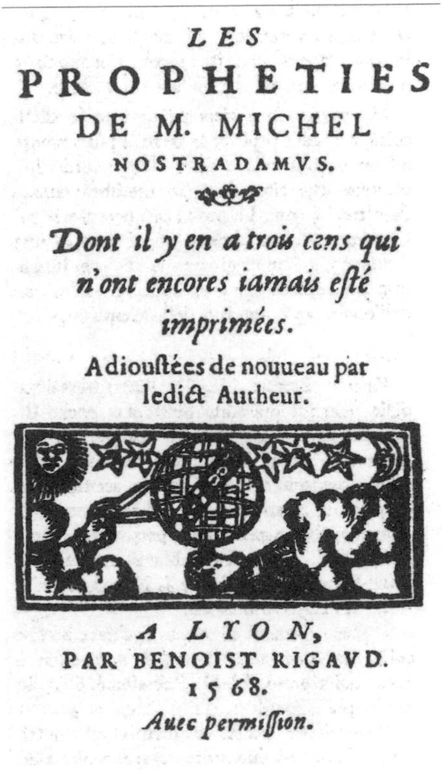

LES
PROPHETIES
DE M. MICHEL
NOSTRADAMVS.

Dont il y en a trois cens qui
n'ont encores iamais esté
imprimées.

Adioustées de nouueau par
ledict Autheur.

A LYON,
PAR BENOIST RIGAVD.
1568.
Auec permission.

▲諾斯特拉達姆斯著作的《百詩集》扉頁。（圖片來源：維基共享資源〔Wikimedia Commons〕公有領域。）

根據《古事記》[10]，伊邪那岐為了召回死去的伊邪那美，而前往黃泉國。伊邪那美告誡伊邪那岐「絕對不可以偷看她的模樣」，但伊邪那岐打破約定，看到伊邪那美面目全非的樣子——她的肉體已經腐爛，且爬滿蛆蟲。

於是，伊邪那美對吃驚的伊邪那岐下詛咒：「親愛的丈夫，你竟然這樣對待我，接下來我每天都會殺掉一千人。」

伊邪那岐一路逃避追緝，回到黃泉比良坂（現世和冥界的邊界），用千引石堵住洞穴，最後平安回到地上。經過一連串的騷動，兩人最終離婚。

值得一提的是，**世界各地其實都流傳著這種「絕對不可以看到某人模樣」的故事**，這裡就統稱為**「不能看的禁忌」**。

「不能看的禁忌」的經典之一，就是希臘神話中英雄奧菲斯（Orpheus）與妻子尤麗狄絲（Eurydice）的故事。奧菲斯是豎琴大師，為了尋回被毒蛇咬死的愛妻尤麗狄絲，而前往冥界。他用高超的琴藝成功感動冥界諸神的心，冥王允許他將妻子帶回人間，但告誡他在離開冥界之前不可回頭。

奧菲斯一踏出冥界，便轉身確認妻子是否還跟著他。但是，尤麗狄絲此時還沒踏出冥界之門，因此她再度墮回冥界。奧菲斯打破「絕不能回頭看妻子樣貌」的條件，最終只得隻身返回人間。

這個希臘神話，與前面提到的故事很類似。談到詛咒和傳說時，找到與其他地區流傳故事的共同點，也是樂趣之一。

日本歷史中的詛咒，最廣為人知的是三大怨靈——菅原道真11、平將門12

10 日本最早的歷史書籍，成書於七一二年，其中收錄日本神話、傳說，以及第一代至三十三代天皇的家譜與事蹟。

11 日本平安時代（七九四至一一八五年）學者、政治家，因被誣陷而被流放，抑鬱而終。他死後京都出現許多異相，朝廷認為是其怨靈作祟，因而興建北野天滿宮祭祀。

12 平安時代武將，因舉兵謀反而受討伐，最終被斬首，其首級三天三夜都不變色，且睜大雙眼，發出怒吼後從京都飛到東京，掉落在大手町，因而在此建立「平將門首塚」。歷來想移動平將門首塚的人，都接連離奇死亡，讓人們更加深信其怨靈傳說。

▲ 菅原道真畫像，日本江戶時代末期至明治時代初期的畫家菊池榮齋所繪。（圖片來源：維基共享資源公有領域。）

與崇德天皇[13]。

據說，祂們擁有引發大災害的強大力量，為了防止祂們作祟，人們因此建立神社祭祀。**以前的人不知道發生災害的原因，因而非常畏懼詛咒。**

接著介紹自古以來不可思議的存在「妖怪的起源」。

妖怪的歷史非常古老，《古事記》和《日本書紀》[14]都出現八岐大蛇[15]和鬼怪的記述。飛鳥時代（五九二至七一〇年）出現人魚傳說，《今昔物語集》[16]

---

13 日本第七十五代天皇（一一二三至一一四二年在位），受到有源義朝、平清盛等人支援的後白河天皇陣營襲擊，最終被流放讚岐（約為今四國東北部的香川縣）而終，死後各地發生大量災異，朝廷認為是其怨靈作祟，因此諡讚其為崇德天皇。

14 日本流傳至今最早的正史。

15 日本傳說中的生物，非常喜歡喝酒。牠有八顆頭、鮮紅色眼睛，背部長滿青苔和樹木，腹部潰爛狀流著鮮血，頭頂上常常飄著雨雲，身軀巨大如八座山。

16 平安時代末期的民間故事集。

裡也出現眾多鬼怪。

《平家物語》17則出現耐人尋味的妖怪記載，明明是軍記物語18，卻在描述史實之餘，出現了鐵鼠、髑髏和鵺（音同夜）等虛構生物。對古代人來說，非人的生物似乎總是近在身邊。

進入江戶時代以後，妖怪熱潮更加盛行。以幽靈和妖怪為題材的浮世繪大量印刷出版，百鬼夜行繪卷19和怪談大為流行。

究其流行的原因，或許是當時有許多未知的奇怪現象和無法解釋的事件，所以人們只能歸咎在這些虛幻生物之上。

即使科技進步、迷信行為逐漸減少，但其實現代仍然存在許多咒術行為。舉例而言，**新年參拜和各種許願都是咒術行為**。而**護身符，其實也是一種咒物**（按：指帶有強大咒力的物品）。

此外，結婚、搬家等各種儀式或活動，一般都會挑選吉日舉辦，但其實仔細思考，這其中並沒有什麼科學根據。

隨著科學技術進步，這些從古代流傳下來的咒術和傳說，往往被視為不合理的迷信。被尊為「文化人類學之父」的英國人類學家愛德華·伯內特·泰勒（Sir Edward Burnett Tylor），在其著作《原始文化》（*Primitive Culture*）中就主張咒術是一種幻想。

不過，事實真是如此嗎？

如果詛咒是假的，從過去到現在，怎麼會留下如此鮮明的印象？詛咒草人套組熱賣、專門幫人下詛咒的行業從未消失、到神社或寺廟斬孽緣的人也一直絡繹不絕。由此可見，即使現今科學如此發達，詛咒仍深植於現代文化之中。

17 成書於十三世紀，記錄平氏家族從權傾朝野到被源氏家族擊敗，最終被消滅的故事。
18 日本古典文學的分類，指以歷史上的戰爭為題材的文藝作品。
19 描繪「百鬼夜行」（日本民間傳說中，夏日夜晚的妖怪大遊行）的繪卷物總稱，最著名的是佛寺真珠庵所藏「百鬼夜行圖」。

◀流放讚岐的崇德天皇，為江戶時代末期的浮世繪師歌川國芳的創作。（圖片來源：維基共享資源公有領域。）

▼素戔嗚尊（《古事記》記載為「須佐之男命」，日本傳說中的神祇）殺死八岐大蛇，江戶時代末期至明治前期活動的浮世繪師月岡芳年所繪。（圖片來源：維基共享資源公有領域。）

◀浮世繪師歌川國芳繪製的鵺。根據《平家物語》描述，鵺擁有猴子的臉、貍的身軀、虎的四肢及蛇的尾巴。（圖片來源：維基共享資源公有領域。）

▼百鬼夜行繪卷（作者不詳，約為室町時代〔1336至1573年〕作品）。（圖片來源：維基共享資源公有領域。）

法老的詛咒再現？

詛咒這件事，長期以來讓世界各地的人們頗為忌憚。我們知道，個人恩怨常會出現詛咒；但有時，**詛咒會對許多民眾造成影響，甚至演變成社會現象。**

近年來，若提到震驚全世界的知名詛咒，大家第一個想到的往往是「法老的詛咒」（Curse of the pharaohs）。考古學家挖掘埃及王室墳墓時，竟然陸續出現離奇死亡的案例。

一九二二年，古埃及法老圖坦卡門的墳墓被發現，隨即震驚全世界。而後續發生的悲劇，與考古挖掘事業同樣受到矚目。

英國考古學家霍華德・卡特（Howard Carter）是挖掘作業的主導人，其背後的金援者是第五代卡那封伯爵喬治・赫伯特（George Herbert, 5th Earl of Carnarvon）。挖掘作業才開始半年，卡那封伯爵就在一九二三年四月英年早逝，得年五十六，無緣見到圖坦卡門墳墓的出土物。

卡那封伯爵之死引發廣大討論。實際的死因，據說是剃刀割出的傷口感染，而引發肺炎。但是，當時的媒體大肆報導卡那封伯爵之死。資訊缺乏，又加上許多名人的推波助瀾，使「法老的詛咒」這個說法快速流傳全世界。

而到了近幾年，「法老的詛咒」又再度引發話題。

原因是埃及舉辦的「法老黃金遊行」（Pharaohs' Golden Parade）。

二〇二一年四月三日，在埃及首都開羅舉辦的法老黃金遊行，就是用許多豪華轎車，載送王室的二十二具木乃伊，從原先展示的埃及博物館（Egyptian Museum）出發，經過開羅市區，移送到新的博物館安置。聽起來是場有趣的活動。

不過，在舉辦法老黃金遊行的前夕，埃及發生了多起事故。

其中一項事故，就是發生在該年三月二十三日的蘇伊士運河阻塞事件（按：當日上午，四百公尺長的長榮海運貨櫃船長賜輪在蘇伊士運河擱淺，由

▲ 圖坦卡門的黃金面具（圖片來源：Adobestock／Jaroslav Moravcik）。

於擱淺段河道窄小，造成超過三百艘船隻排隊等候。六天後，長賜輪成功脫困）。根據蘇伊士運河管理局調查，事故的原因是船舵急遽轉向，加上惡劣天氣、強勁海流等諸多影響，最後導致船體失控。

此外，還發生至少十九人喪生的列車事故、死亡超過二十人的大樓倒塌事故，商店街也發生大規模的火災。

這些事件雖然可以單純視為偶然，**偏偏剛好碰上法老黃金遊行，於是便有人主張「是不是法老的詛咒再現」？**

數字的詛咒：當心二十與九

在美國，有「**特庫姆塞的詛咒**」（Tecumseh's Curse，也稱「蒂珀卡努的詛咒」〔Curse of Tippecanoe〕）：**在二十的整數倍年分就任的美國總統，一定會遭逢不幸**，也被大家傳得煞有其事。

這個詛咒的源頭，要追溯到兩百年前。

美州原住民肖尼族（Shawnee）族長特庫姆塞，在蒂珀卡努戰役中被時任陸軍將軍的威廉・哈里森（William Harrison）擊潰，特庫姆塞戰敗被殺，其弟滕斯克瓦塔瓦（Tenskwatawa）便對哈里森預言「你將做不滿任期」（也有一說是特庫姆塞自己預言）。

後來，哈里森就任美國總統，但上任才一個月就因為肺炎而過世。

美國自一七八九年選出第一位總統以來，只有八位總統於任職期間死亡，其中就有七人符合特庫姆塞詛咒的條件[20]。

而在音樂界中，也有知名的特殊詛咒，名為「**第九交響曲魔咒**」（Curse of the ninth）。

據說，**完成第九號交響曲的音樂家，很快就會死去**。例如作曲家路德維希・范・貝多芬（Ludwig van Beethoven）和安東寧・德弗札克（Antonín Dvorák），都是寫完第九號交響曲就離世。

十九世紀末、二十世紀初的作曲家古斯塔夫・馬勒（Gustav Mahler）便十分畏懼第九交響曲魔咒，所以他就把自己的第九首交響曲取名為《大地之歌》（*Das Lied von der Erde*）。不過，他在完成後來的第九號交響曲時，因為心臟病而離世。

我們可以從科學的角度來思考這件事：**創作交響曲非常耗費心力，因此，許多作曲家創作到第九號交響曲時都年事已高**。雖說如此，還是不禁讓人覺得太過巧合！

20 分別為一八四〇年上任的哈里森、一八六〇年上任的亞伯拉罕・林肯（Abraham Lincoln）、一八八〇年上任的詹姆士・加菲爾（James Garfield）、一九〇〇年上任的威廉・麥金利（William McKinley）、一九二〇年上任的華倫・哈定（Warren Harding）、一九四〇年上任的富蘭克林・羅斯福（Franklin Roosevelt）和一九六〇年上任的約翰・甘迺迪（John Kennedy）。

前面介紹了許多沉重的詛咒，但其實，也有會讓人忍不住噗哧一笑的詛咒。

比方說，日本的「肯德基爺爺魔咒」。一九八五年，**日本職棒阪神虎隊贏得隊史首次總冠軍**，大批**阪神虎粉絲**前往大阪道頓堀慶祝，**興奮到把肯德基爺爺塑像丟進河裡。**

▲貝多芬，第九交響曲魔咒被認為是由他而起。（圖片來源：維基共享資源公有領域。）

神祕的是，自隔年起阪神虎隊的成績就陷入長期低迷。

於是，「阪神虎成績低迷，來自於肯德基爺爺魔咒」就成為都市傳說，又經過朝日電視臺人氣節目《偵探騎士大搜查》的宣傳，而變得更廣為流傳。後來，該節目多次搜索肯德基爺爺，卻始終一無所獲。直到二〇〇五年為止，阪神虎都無緣取得總冠軍（肯德基爺爺在二〇〇九年獲救，不過其左手與眼鏡仍然失蹤。球迷們相信，肯德基叔叔魔咒要在左手與眼鏡尋回後才會被打破）。

由以上的各種例子可知，詛咒對社會的影響極為深遠。不過，世上所有現象都有其必然性，詛咒的背後也一定有其原因。許多詛咒都可以透過科學證據說明原理。

自殺神曲〈黑色的星期天〉背後的真相

你聽過〈黑色的星期天〉（*Gloomy Sunday*，也有譯為〈憂鬱的星期天〉）這首歌嗎？

美國導演史蒂芬・史匹柏（Steven Spielberg）的電影《辛德勒的名單》

（*Schindler's List*）中，就出現過這首〈黑色的星期天〉，別名「自殺神曲」。

一九三三年，這首曲子在匈牙利發表，據說許多人聽了它之後，都結束了自己的生命，讓全世界頗為忌憚。後來，連作曲者萊索・塞萊什（Rezs Seress）都跳樓自殺，更導致人們提到這首曲子就恐懼不已。

於是，匈牙利宣布禁賣這首歌的唱片，還禁止演奏，就連英國廣播公司（BBC）也禁播。

即使如此，仍然有許多人跨越禁令。似乎無論老少，只要沾上這首歌的人就會跑去自殺。

僅僅數分鐘的歌曲，真的有奪命的能力嗎？

接下來，我們嘗試用科學的角度來解讀這件事。

首先，分析當時的社會情勢。一九三〇年代受到第一次世界大戰影響，人民的生活絕對非常辛苦。歐洲人民得面臨戰局惡化、家人被徵兵和空襲，隨時都遭受生命威脅。曲風黑暗的〈黑色的星期天〉，本來就容易讓人們緊繃的情緒潰堤。

而至於連鎖自殺事件，可以用「維特效應」（Werther effect）說明。**維特效應，是指受到媒體的自殺報導影響，導致自殺事件增加的現象。**之所以命名為「維特效應」，源於約翰・沃夫岡・歌德（Johann Wolfgang Goethe）的著作《少年維特的煩惱》（*Die Leiden des jungen Werthers*），這本書在一七七四年發行之後，有不少人模仿書中角色維特的自殺行為。

一九七四年，美國社會學家大衛・飛利浦斯（David Phillips）曾發表相關研究。他以《紐約時報》（*The New York Times*）的自殺報導與全美自殺人數比對分析，發現自殺報導刊登後，自殺人數有增加的趨勢。也就是說，自殺會引發連鎖效應。

世界衛生組織（WHO）發布的《自殺預防：給媒體從業人員的指引》（*Preventing Suicide: A Resource for Media Professional*），就要求媒體報導自殺新聞時，不可詳述自殺的手段和場所。

而為了避免受到「維特效應」影響，我們也應小心過濾接收到的資訊。令人聞之色變的〈黑色的星期天〉，背後的真相其實並不恐怖。

（珍惜生命，自殺不能解決問題，生命一定可以找到出路。若需諮商或相關協助可撥生命線專線「1995」、張老師服務專線「1980」，或衛福部安心專線「1925」。）

番外篇

好的詛咒，安慰劑效應

有句話這麼說：「病由心生。」即使現代醫療發達，也不能小看這句話。接下來要介紹的，是與「病由心生」密切相關的「安慰劑效應」（Placebo effect）。

所謂安慰劑效應，是指運用沒有藥效的治療，卻產生舒緩或治癒的效果，也叫做偽藥效應。這個效應對鎮痛尤其有效。只要患者深信「這個藥有效」，症狀就會減輕。

雖然乍看之下效果很好，卻也有負面作用。例如進行確認藥效的實驗時，安慰劑效應就會妨害測試效果。

醫藥實驗中，為了排除安慰劑效應，取得客觀評價，往往會採取「雙盲試驗」（Double-blind trials，簡稱 DBT）。這種試驗的重點，就是患者和醫師都不知道誰被投了什麼藥。透過雙盲試驗比較新藥和安慰劑，就可以正確分辨新藥療效。

而與安慰劑效應相反的則是「反安慰劑效應」（Nocebo effect），用來指吃藥引發的心理副作用。比起安慰劑效應，這種效應更應該慎重看待。

二〇一七年，倫敦帝國學院（Imperial College London）團隊在醫學期刊《刺胳針》（*The Lancet*）發表一項研究：患者服用治療高血脂的史他汀（Statin），往往引發肌肉痛和倦怠感等副作用，其實大部分應該與藥物成分無關。

史他汀可以降低血液中的膽固醇，但有不少患者因為受不了副作用而停藥。而調查結果發現，吃史他汀而出現的副作用，和吃安慰劑的副作用其實差不多。研究團隊認為，將近九〇%的副作用是出於反安慰劑效應。

「相信」的力量，真的非常強大。

自古流傳的各種傳統治療法，或許也與安慰劑效應極為相關。不過，安慰劑效應的原理為何，目前仍不清楚。

如果科學可以證實安慰劑效應的原理和有效性，或許就可以把安慰劑效應實際運用於治療。實際上，為了預防失智症患者過度服藥，有些醫師也會給安慰劑。

2 被詛咒纏身的王室與望族

除了前一節介紹的法老詛咒之外，各國的王室還有許多不可思議的傳說。王室似乎總與詛咒脫不了關係，這種情況並不限於埃及。為什麼統治歐洲的王族會遭遇悲慘命運？讓我們用科學角度一探究竟。

英國王室病，其實就是血友病

距今約一百多年前的英國，維多利亞時代（一八三〇年代至一九〇〇年代）盛極一時，堪稱大英帝國的全盛時期，統治者為維多利亞女王（Queen

Victoria），她十八歲即位，在位長達六十四年，僅次於伊莉莎白二世（Elizabeth II，一九五二至二〇二二年在位）。在維多利亞女王統治期間，英國邁向工業化和都市化，躍升為「世界工廠」。

不過，維多利亞王室卻有一項煩惱。**維多利亞女王的男性子孫，陸續罹患血流不止的疾病**。這種特殊症狀被稱為「王室病」，令人聞之色變。維多利亞女王的第四個兒子利奧波德（Leopold）最早罹患王室病，只活了三十歲。

然而，悲劇卻沒有從此終止。由於**當時的英國王室重視與他國聯姻，女性幾乎都嫁給別國的王室和貴族**。因此，**生下來的孩子都陸續罹患王室病，遍及整個歐洲大陸**。

這種病被帶到德國、西班牙和俄國王室，影響最大的要屬俄國的羅曼諾夫王朝（House of Romanov）。俄羅斯帝國歷史悠久，末代皇儲阿列克謝（Alexie）卻一生苦於血流不止的病症（按：阿列克謝的祖母為維多利亞女王次女愛麗絲公主）。

▲ 維多利亞女王一家。照片中由左至右依序為愛麗絲公主（Princess Alice，排行第三）、亞瑟王子（Prince Arthur，排行第七）、艾伯特親王（Albert, Prince Consort，女王丈夫）、愛德華王子（後為英國國王愛德華七世〔Edward VII〕，排行第二）、利奧波德王子（站在愛德華王子前，排行第八）、路易絲公主（The Princess Louise，排行第六）、維多利亞女王、碧翠絲公主（Princess Beatrice，女王懷抱者，排行第九）、阿佛烈王子（Prince Alfred，排行第四）、維多利亞公主（Princess Victoria，排行第一）及海倫娜公主（Princess Helena，排行第五）。（圖片來源：維基共享資源公有領域。）

當時一名叫做格里戈里・拉斯普丁（Grigori Rasputin）的神祕主義者，擔任皇儲的主治醫師兼祈禱師，後被冠上「怪僧」稱號。他濫用權力，把宮廷玩弄於股掌之間，最後被看他不順眼的貴族暗殺。經過一連串的騷動，俄國最終發生了改變歷史的革命[21]。

許多國家都因為王室病，而鬧得天翻地覆。這個受詛咒的王室不明疾病，很長一段時間成為人們茶餘飯後的八卦話題。

其實，**王室病的真面目就是遺傳性疾病「血友病」**（Haemophilia）。罹患這種病的人，體內缺乏凝血因子，致使血液無法正常凝固，因此難以止血。血友病患者往往連小傷口都會血流不止，嚴重的傷口就可能危及生命。

---

21 指一九一七年的二月革命，沙皇尼古拉二世（Nicholas II）被迫遜位，俄羅斯帝國滅亡，沙皇全家亦遭處決。

▲ 格里戈里．拉斯普丁，尼古拉二世時代的神祕主義者。1906 年，一些皇族成員和沙皇寵臣舉薦拉斯普丁為皇儲阿列克謝治病，而拉斯普丁擅長的催眠術，能穩定皇儲病情，自此深得皇后信任，得以自由出入宮廷。（圖片來源：維基共享資源公有領域。）

▲ 俄羅斯帝國末代皇儲阿列克謝，出生不久即檢驗出罹患血友病，皇后遍尋名醫，最後找到拉斯普丁為他治療。1918 年，沙皇全家遭處決後，其遺體未被尋獲，直到 2009 年才以 DNA 鑑定技術確認其遺體。（圖片來源：維基共享資源公有領域。）

猶太教的經典《塔木德》（*Talmud*，時代約為西元前二世紀至西元五世紀）曾提到行割禮儀式失血，一般認為這是最早的血友病紀錄[22]。過去，罹患重度血友病的人，在還未發現疾病的原因和治療法之前，幾乎都活不到成年。

血友病的著名特徵，就是幾乎只有男性會發病。過去，一般人只知道血友病與血統相關，一直到一八〇三年，美國醫師約翰・奧托（John Otto）才提出血友病是遺傳疾病，之後血友病的研究大有進展。

為什麼罹患血友病的幾乎都是男性？

解釋原因之前，我們必須先了解遺傳法則。

生物性狀的遺傳，原則上遵照「孟德爾定律」（Mendelian inheritance）。

孟德爾定律有三項原則：第一，對偶性狀（顯性、隱性）雜交後，第一子代都表現顯性性狀的「顯性法則」；第二，再次雜交後的第二子代，出現顯性、隱性性狀的比例為三比一，顯示出「分離定律」；第三，不同性狀都是獨立遺傳，存在「獨立分配定律」。基本的遺傳模式，都是遵循這三項原則。

而血友病的遺傳模式，是比較特殊的「X染色體隱性遺傳」。

雖然說幾乎只有男性會發病，但女性仍會攜帶帶病基因。

男性經由母親遺傳而得病，因為**致病的遺傳基因就在性染色體「X」上。男性的性染色體為「XY」，只要X染色體上與凝血因子相關的遺傳基因出現異常，就無法製造正常的因子**（第八或第九凝血因子）。因此，一旦出血，血液就難以凝固，嚴重出血則致命。

另一方面，相對於男性的性染色體為「XY」，**女性的性染色體則是「XX」**。也就是說，**女性即使有一條X染色體異常，另一條X也可以替代**

22　猶太教甚至有特別規定，若一個男嬰的兩個哥哥曾在割禮時因失血過多而死亡，該男嬰則可免除割禮。

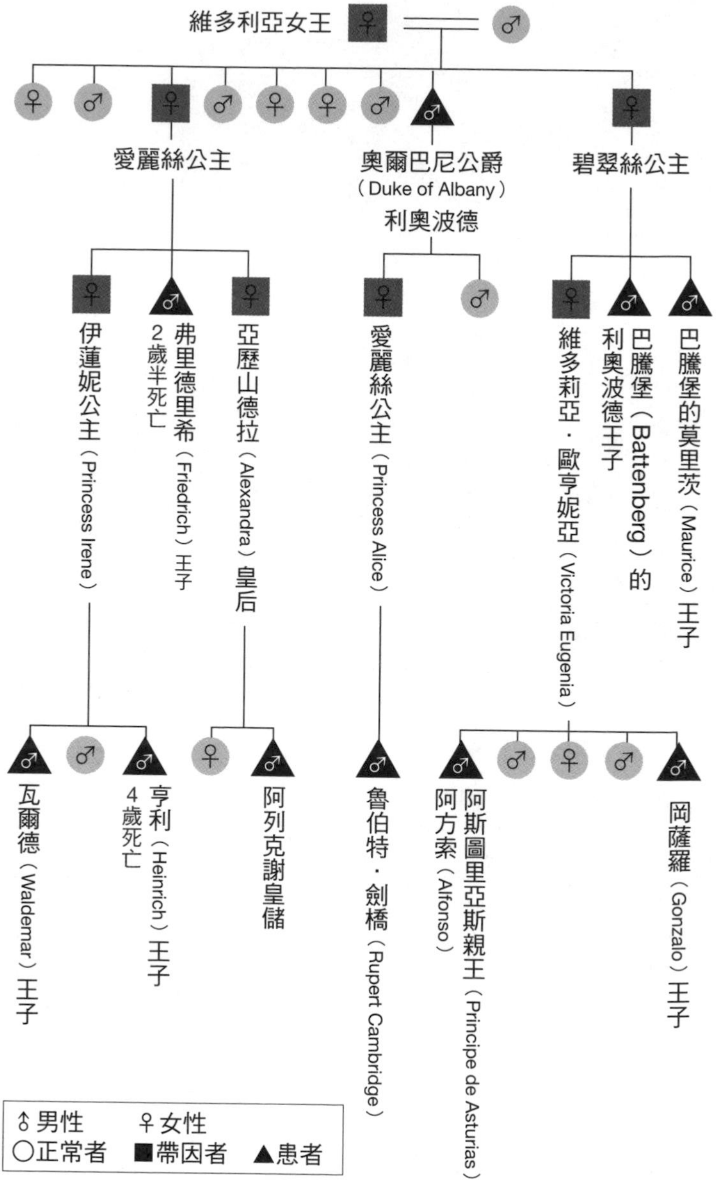

▲ 維多利亞女王與其後代譜系，可看出女王後代罹患血友病者都為男性。

功能，所以凝血因子可以正常運作，女性可以像正常人一樣生活。

這就是「X 染色體隱性遺傳」。

血友病以男性發病占大多數，但**如果女性的兩條 X 染色體皆帶有凝血因子異常的基因，還是會發病**。

例如，男性血友病患與女性帶因者結婚，生下的女性有一半機率會出現血友病。不過，這種例子非常罕見。

過去，血友病的死亡率很高，因而令人聞之色變。但是，現代已經出現有效療法。主要的治療方式，就是採取「補充療法」，以補足缺乏的凝血因子。

補充療法大致分成三種類型：需求性治療、預防性治療和定期補充治療。

需求性治療，就是在患者出血時施打凝血因子製劑。因為是出血後才做處置，所以一旦病患受傷，就要盡可能及早就醫。

預防性治療，是在從事出血風險高的活動（例如運動或旅行）之前，事先施打凝血因子製劑。此外，在進行可能失血的手術前，同樣要先施打凝血因子。

而定期補充治療，就是定期施打凝血因子，以減輕失血風險。透過這項療法，患者的日常生活限制可以降低，使其生活更豐富多彩。

至於凝血因子的施打劑量，要視出血部位、出血量，以及患者凝血因子的活性程度而定。

以往被視為不治之症的血友病，只要採取適當的補充療法，患者幾乎可以像普通人一樣生活。

不過，遺傳對貴族造成的不幸不僅於此。接下來要介紹另一件不為人知的悲劇。

華麗一族的肖像畫之謎

哈布斯堡家族（Haus Habsburg）繼承神聖羅馬帝國（Sacrum Romanum Imperium），勢力強大，偶爾會出現在歷史教科書的敘述之中。他們原本只是瑞士的地方領主，一步步前進奧地利，最後開創一段盛世。

哈布斯堡家族把德意志地區、孛艮地公國[23]、匈牙利等歐洲的廣大領土納入手中，與各國的有力貴族王室爭奪霸權。十六世紀是哈布斯堡家族的全盛期，說是歐洲的權勢中心也不為過。

與英國王朝一樣，哈布斯堡家族也很熱中聯姻。例如哈布斯堡家族唯一的女性統治者瑪麗亞・特蕾莎（Maria Theresia）女王，就讓她的女兒們與歐洲貴族聯姻、生子，建立密切關係，藉此擴大領土。

而哈布斯堡家族的聯姻政策，在十五世紀達到高峰。腓特烈三世（Friedrich III）是哈布斯堡家族第一位當上神聖羅馬帝國皇帝的人，他讓兒子馬克西米利

---

23 Duché de Bourgogne，領土範圍包括今法國東部孛艮地—法蘭琪—康堤（Bourgogne-Franche-Comté）大區，及荷蘭、比利時、盧森堡等低地區域。

安一世（Maximilian I）與孛艮地公爵大膽查理（Charles le Téméraire）的女兒結婚，把孛艮地東部和低地國（荷比盧）一帶的廣大領土都納入手中。

而馬克西米利安一世繼任神聖羅馬帝國皇帝之後，又讓兒子菲利普一世（Felipe I el Hermoso）與西班牙公主聯姻，成功擴張領地。

可以說，哈布斯堡帝國之所以成立，要歸功於其努力執行聯姻政策。

不過，**哈布斯堡家族的肖像畫有一項引人注目的共同特徵，就是他們幾乎都有突出的下顎。一說他們可能罹患「下顎前突症」。**

根據當時的哈布斯堡家族肖像畫，估計有將近四十名的家族成員具有突出下顎。這還只是透過肖像畫估計，實際上可能更多。

下顎和骨骼的性狀與遺傳有關，所以親子和兄弟之間往往非常相像。不過，哈布斯堡家族下顎前突的比例之高，仍是非常特別。

而且，下顎前突症在歐洲其實很少見，為什麼這個家族裡，竟然會出現這麼多人罹患下顎前突症？

▲ 馬克西米利安一世與他的家人，從畫中可見哈布斯堡家族明顯的下顎突出特徵。（圖片來源：維基共享資源公有領域。）

▲ 腓特烈三世，哈布斯堡家族第一位神聖羅馬帝國皇帝。（圖片來源：維基共享資源公有領域。）

主要原因出在表親結婚，以及持續不斷的近親通婚。現代人幾乎不會近親結婚，不過古人為了維繫集團權力，免不了會近親通婚。

而王朝為了維持權勢和擴大領土，也經常採取近親通婚的手段。不過，像親子這種極為相近的關係，會盡可能避免，部分天主教派也針對近親結婚有嚴格規定。

為什麼近親結婚不好？這與遺傳疾病的模式有關。

比起兩個毫無血緣的人，**近親結婚、生子的情況下，體染色體[24]隱性遺**

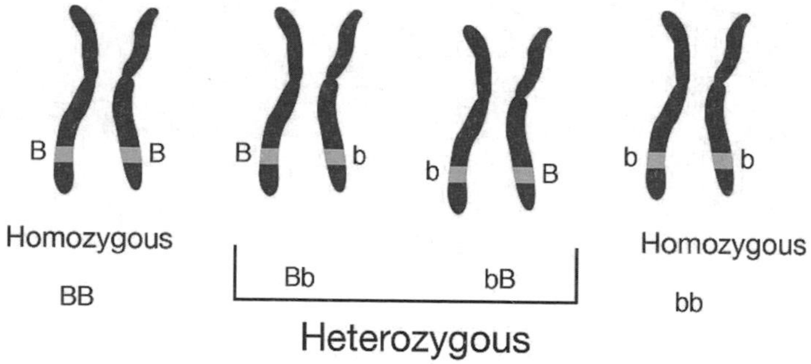

▲同型合子，就是擁有相同的等位基因，例如圖中BB（顯性）與bb（隱性）皆為同性合子。而當個體擁有的基因是bb時，隱性基因遺傳疾病的發病機率就會提高。（圖片來源：維基共享資源公有領域。）

傳的致病基因成為同型合子（homozygote）的機率相對較高。

所謂「同型合子」，就是擁有相同的等位基因，當隱性遺傳基因完全相同時，就有很高的機率發病。

舉個例子，自己與堂表親擁有相同遺傳基因的機率是八分之一，因此比起與毫無血緣的人生子，近親聯姻子代的隱性疾病發病率更高。近親結婚，風險真的很高！

而哈布斯堡家族的問題，不只有下顎前突症，還有不少子孫罹患肢端肥大症[25]、癲癇、智能障礙等身心疾病。原本為了維持家族繁榮而採取的手段，反而讓家族踏上衰退一途，真是讓人不勝唏噓！

24 指性染色體以外的染色體。例如人類二十三對染色體中，有二十二對體染色體，剩下一對為X染色體和（或）Y染色體組成的性染色體。

25 Acromegaly，其症狀通常是手部和足部腫大，前額、下顎和鼻子變大等。

這類遺傳疾病，在以往重視血統的時代最為常見。貴族的家系可以仔細追溯，也是因為他們的地位夠高。相對來說，庶民就沒有什麼家系圖可供追溯。

而在現代，為了預防不當的近親結婚，會採用複數指標（親緣係數、近交係數、近親度等）衡量。

只要理解遺傳學，就可以發現王室詛咒根本沒那麼可怕，而是能以科學解釋的現象。

3 詛咒真能奪人性命？

藥物過量就成毒，許多藥物如果超量服用，就可能危害人體。同樣道理，神賜予的恩惠，如果超過限度也可能變成詛咒。「祟神」的存在，代表神明不是永遠對我們微笑！

接下來，我們要從巫毒教（Voodoo）的角度，來探討「神」與「詛咒」，以及與科學的關係。

海地巫毒（Haitian Vodou）是深植海地（Haiti，位於加勒比海的島國）的民間信仰，融合非洲的巫毒信仰和天主教信仰，主要的信仰者是當地農民和都市的底層人民。

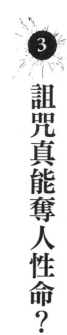

巫毒信仰：人神合一的附身

以達荷美王國26的豐語27來說，巫毒的意思是「精靈」和「神」。巫毒不只是宗教，也代表著哲學、醫療和司法等多元世界觀。

這個宗教的基本觀念就是「**萬物皆精靈**」。人是住在肉眼可見世界的精靈之一，而在肉眼不可見的世界，住著精靈和祖先等其他存在。人們透過向精靈祈禱和舉行祈禱儀式，可以使人與精靈同伴相互調和，藉此恢復精力。

海地巫毒雖然是多神教，卻視基督教的神為宇宙和精靈的創造主。現代巫毒教融合了許多宗教傳承和信仰，其中又以天主教的影響尤其強烈。舉例來說，巫毒祭祀的曆法就融合了天主教曆法，在天主教聖人的節日時也會舉辦重要的精靈祝禱。

海地巫毒沒有教義和教典，也沒有明確的教團組織和布教體制。

祭祀儀式就是歌舞、動物獻祭和召喚精靈。名為羅瓦（Loa）的精靈們，在祈禱師的召喚之下，會暫時附身於人，人與神瞬間合而為一。經由這種附身儀式，人可以感受神的恩寵。

從這些特徵來看，這似乎不像是熱忱向神明祈禱的宗教，反而給人像是在表演的印象。

事實上不只巫毒教，非洲的各種信仰都與歐美諸國的宗教差異頗大，大多會出現戲劇化行為和激烈儀式。被附身的人彷彿變成神一樣，會直接徒手抓起熊熊燃燒的物體，或是用刀刃自殘。也就是**透過「非日常體驗」加深信仰**。

有趣的是，**巫毒教有所謂「咒殺」的概念，也就是透過詛咒奪取人的性命**。雖然令人難以置信，但現在還真有許多疑似咒殺的例子。

---

26 Dahomey，非洲王國，位於今貝南（Bénin），存在時間約為一六〇〇至一八九四年，後淪為法國殖民地。

27 Fon，西非民族豐族所使用的語言。

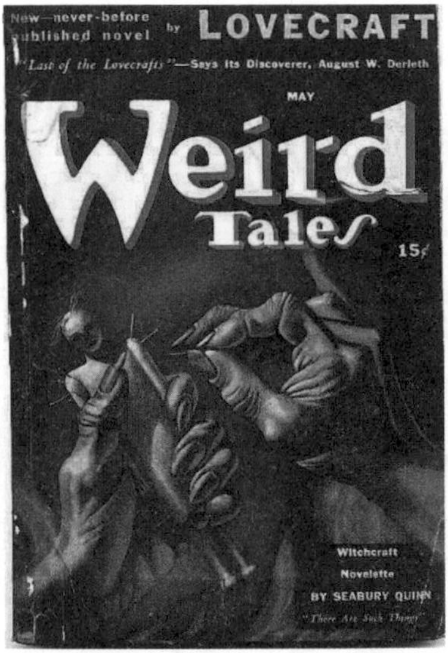

▲ 美國奇幻雜誌《詭麗幻譚》(*Weird Tales*)1941 年 5 月號封面，繪有針插人偶圖樣（美國插畫家漢內斯．博客〔Hannes Bok〕繪）。（圖片來源：維基共享資源公有領域。）

▲ 插著釘子的巫毒娃娃，英國巫術與魔法博物館（Museum of Witchcraft and Magic）館藏。（圖片來源：維基共享資源公有領域。）

不限於巫毒教，只要是被詛咒或是被施邪術，最後導致被施咒者死亡，都統稱為「巫毒死亡」（Voodoo Death）。而使用巫毒娃娃（Voodoo doll，用於插針的人偶形道具）下咒的方式，與日本的釘草人很像。

索命詛咒的真相

到底為什麼會出現「巫毒死亡」呢？

美國生理學家沃爾特．坎農（Walter Cannon）以提出「體內平衡」概念聞名，他推測巫毒死亡的原因來自壓力。

他認為，咒術行為會產生壓力，使自律神經維持在興奮狀態。這種現象，他稱為生理上的「戰鬥或逃跑反應」（Fight-or-flight response）。

當敵人來襲時，生物會先評估敵我強弱的程度，再採取行動，體內自律神經下意識進入準備狀態，接著出現呼吸、心跳變快、血壓上升等各種反應。

坎農認為，這與憤怒和恐懼引發的反應一樣，為了逃離危險的敵人，身體會火力全開、進入備戰狀態。

而且，不只是坎農這樣解釋，著名的法國社會人類學者克勞德．李維史陀（Claude Lévi-Strauss）也提出類似的主張。

而美國肯塔基大學（University of Kentucky）神經生理學家凱文．尼爾遜（Kevin Nelson）表示，交感神經活躍會給心臟帶來極大負擔，造成的影響遠大於血壓上升。

這些專家都認為，**不安和恐懼等「情緒」，很可能實際影響身體健康**。

當一個人知道自己被詛咒，心理上一定會產生莫大壓力。在持續緊張的狀態下，對心臟和血壓造成負擔，甚至威脅生命，於是就發生詛咒致死的情況。

其實在社會中，**言語和非言語交流的影響比想像中來得大，甚至可能取人性命**。雖然聽起來很難讓人信服，但其實已有許多真實案例。例如因流言毀謗、中傷，而導致受毀謗當事人自殺的報導。在人與人之間的關係當中，文化和語言蘊含非常重要的影響力。

坎農等學者的主張已超過半世紀。若從現代醫學來看，還有另一種解釋。後續的研究指出，**被詛咒的強烈恐懼和不安，會刺激人體分泌「兒茶酚胺」（catecholamine），一旦這種激素的濃度超出許可範圍，就可能引發章魚壺心肌症**[28]**或致命性心律不整**。

這兩種疾病的名稱，聽起來可能很陌生。不過，如果講「蜘蛛膜下腔出血」應該會有點印象。其實，這兩種疾病的結構與蜘蛛膜下腔出血很類似。

當蜘蛛膜下腔出血，會大量分泌兒茶酚胺，進一步引發肺水腫和心律不整。而人體陷入交感神經過度活躍的緊張狀態，也可能出現上述情況。

28 Takotsubo cardiomyopathy，又稱心碎症候群，因患者的左心室形狀在左心室攝影圖（Left ventriculography）下，看起來如同日本漁夫抓章魚用的章魚壺陷阱而得名。

因此我們可以了解，心理異常很可能會危及生命。

雖說如此，**咒術的效果終究要看有沒有信仰**。

現代科學技術發達，人們對詛咒的信念也逐漸動搖。但反過來說，在宗教信仰很堅定的區域，絕不能小看詛咒的力量。

今後如果出現比宗教更具影響力的東西，我們可能就得面對新的詛咒型態。屆時，這種事物還會不會被叫做「詛咒」？我們不得而知。

詛咒是由人創造出來，既奇妙又令人恐懼的發明。

前述醫學與巫毒教關係這類的討論還有很多。這種探討醫療與社會、歷史、文化關係的學問，稱為「醫療人類學」。透過文化層面研究醫療結構，可以嘗試從生態學和社會文化學等多元角度，探討影響健康和發生疾病的原因。

番外篇

操控詛咒的咒術師，部分地區還存在

講到「咒術師」，往往讓人敬而遠之。但其實，在現代社會也有人做著咒術師的工作。

咒術師有各種定義，以下介紹一些代表性的例子。

通常，負責診治疾病的叫做「巫醫」，而負責占卜的叫做「占卜師」。咒術與占卜關係密切，很難明確區分，兩者間卻有微妙差異。而在薩滿信

▲哈薩克族（居住在中亞與中國北方）薩滿。（圖片來源：維基共享資源公有領域。）

仰[29]中，具有召喚神明能力的咒術師就稱為「薩滿」。

一般咒術師的服務對象多為家族或個人；而負責社會的祭禮儀式，舉行祭祀的人則被稱為「祭司」。咒術師和祭司偶爾會被混為一談，或像澳洲附近的原住民，有一人身兼兩職的情況。而在墨西哥南部的恰帕斯（Chiapas）高原，巫醫甚至也負責舉行祈雨儀式。

對部分地方而言，咒術師是不可或缺的存在。

此外，有些地方會細分咒術師的工作。

例如，在大洋洲的美拉尼西亞（Melanesia）一帶，就分別有掌管天氣的咒術師和治病的咒術師；而印尼、馬來西亞的老君（dukun），其社會角色繁多，有巫醫、產婆、指壓師、薩滿、術士和占卜師等。隨著社會體系不同，人們對咒術師的觀念也頗有差異。

而咒術師的法力，除了正向作用，也可能用於負面作用。

印尼爪哇島的老君就是最具代表性的例子。他們會施咒殺人或是使人致病，令民眾畏懼不已。印尼峇厘島的巫醫也會施行邪術；墨西哥南部的美洲原住民和西納康坦（Zinacantán）社會，巫醫除了治病之外，據說也會施行使人致病的邪術。

咒術師偶爾會使用戲法，用嘴巴吸出或用手抓出中咒者體內被打入的異物（針、石頭或是玻璃等）。這類戲法幾乎不會被識破，因為人們對咒術師的信賴和對法力的信仰，掩蓋了這些戲法。

日本的咒術師被稱為「太夫」，運用代代相傳的酬神祭手法操控咒術。太夫不是世襲制，而是弟子向師傅學技術，學會各種儀禮之後就可以出師。他們大多一邊從事農林業，一邊做太夫的相關工作。

或許，你的身邊也潛伏著咒術師。

29 分布於北亞、中亞、西藏、北歐和美洲等地的巫覡（音同席）宗教。

4 離島，詛咒的溫床

被怒濤包圍的絕壁、特殊生物、被沖上沙灘的屍體……「島」是眾多神祕故事誕生的舞臺。

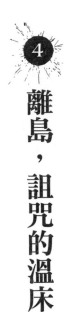

從過去到現在，島既可以是觀光地，也是恐怖的發源地，讓人們看不穿它的神祕面紗。

隔著海洋，島有著獨自的生態系和文化，正是發展詛咒的溫床。

這次的舞臺，來到義大利的薩丁尼亞島（Sardegna）。薩丁尼亞島以酪農和林業為主，比起歐洲其他地區，是開發較晚的地方。

困擾這座島的詛咒是什麼？就是人體免疫反應出現異常，攻擊正常細胞的

「自體免疫疾病」（Autoimmune disease）。薩丁尼亞島居民罹患自體免疫疾病的機率，比起其他義大利人和附近的島民都高上許多。

多數島民罹患多發性硬化症（Multiple sclerosis，縮寫為ＭＳ），這種疾病是免疫細胞引發神經系統發炎，進而破壞身體各部位的神經組織。

其他還有導致胰島素無法正常分泌的自體免疫疾病。薩丁尼亞島民罹患第一型糖尿病 30 的機率，也是高居世界前幾名。

薩丁尼亞島的詛咒

為什麼島民罹患自體免疫疾病的機率會增加呢？

為了解開謎題，首先必須了解薩丁尼亞島的特性。

一般來說，越高緯度的地區，越可能出現多發性硬化症。不過，薩丁尼亞島的緯度並不高。

而這裡有另一項有趣報告：當某地的瘧疾[31]根絕後，多發性硬化症病例數就會急遽增加，兩種疾病之間似乎有所關聯。

神經科學家斯泰法諾·索久（Stefano Sotgiu）推測，**薩丁尼亞島上多數居民因為抵抗瘧疾，而引發了基因突變**。

瘧疾好發於熱帶至亞熱帶地區，薩丁尼亞島也是好發區域之一。這種疾病長年摧殘人類，但隨著防治對策產生，人類已經不再像以前那樣對瘧疾束手無策。不過，至今還是有很多人罹患瘧疾而死亡。

與瘧疾相關的疾病如下：

---

30 Type 1 diabetes，患者的免疫系統破壞製造胰島素的細胞（胰島B細胞）。

31 一種會感染人類及其他動物的全球性寄生蟲傳染病，最常透過受感染的雌性瘧蚊傳播。瘧原蟲會在瘧蚊叮咬時，從蚊子的唾液傳入人類的血液，接著瘧原蟲會隨血液移動至肝臟，在肝細胞中發育成熟和繁殖。

第一種是海洋性貧血（Thalassemia），也稱作地中海貧血。這是一種血紅素異常的疾病（Hemoglobinopathy），構成血紅素的胜肽鏈如果天生結構異常，就會導致貧血。這是為了預防瘧原蟲入侵紅血球，才發展出的特殊血紅素。

英國科學家約翰・霍爾丹（John Haldane）發現，遺傳性疾病地中海貧血與瘧疾相關。他表示海拔高度與地中海貧血遺傳基因的出現率有關聯，也就是與瘧疾的風險有連動性。

報告顯示，非洲等瘧疾好發的區域，罹患鐮刀型血球疾病（Sickle-cell disease，簡稱SCD）的病例尤其多。**紅血球由正常形狀變成鐮狀，所以被取名為「鐮刀型」。這種疾病也會妨礙瘧原蟲在紅血球內生長。**

人類經過長年演化，獲得了可以對抗瘧疾的性狀。不過，一直以來保衛身體的免疫系統和對抗外界疾病的性狀，竟然會讓人類受苦，這背後的真相讓人出乎意料！

人體對瘧疾的共存戰略，不只造成紅血球異常，還進一步刺激免疫系統，這就是離島詛咒的真面目。

「不過，這會不會是居民先天的遺傳基因使然？」一定有人會這樣想。當然，遺傳基因也有影響。

根據遺傳基因的比較研究，發現薩丁尼亞島民幾乎沒有混雜外部的遺傳基因，表示居民很少與其他區域交流。不過，**自體免疫疾病受環境影響相對較大，與當地人民急於擺脫瘧疾的威脅脫不了關係。**

此外，以人類白血球抗原（human leukocyte antigen，縮寫為HLA）為研究主體，調查多發性

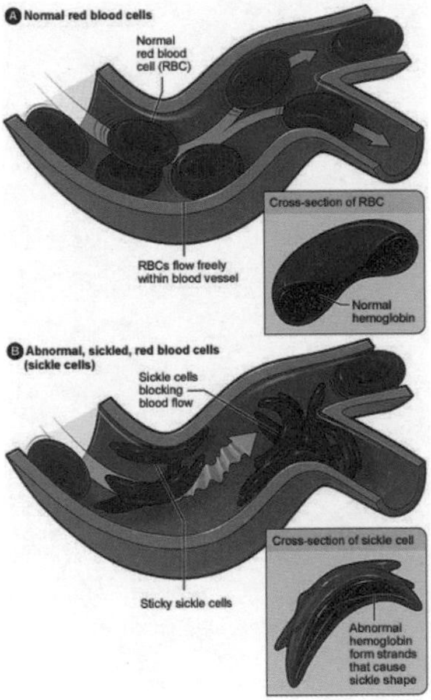

▲正常紅血球（上圖）與鐮狀紅血球（下圖）。（圖片來源：維基共享資源公有領域。）

硬化症的出現率，發現薩丁尼亞島民罹患率與全球相比相對較高，且出現率與瘧疾蔓延的區域一致。抵抗瘧疾的特殊免疫模式，或許就是這樣一代又一代的被傳承下來。

附帶一提，全身性紅斑狼瘡（Systemic lupus erythematosus，縮寫為SLE）同樣是自體免疫疾病，當人身上帶有「Sle3」遺傳基因時，會增加罹病風險。而有研究指出，老鼠體內的「Sle3」遺傳基因，會讓牠對微生物產生抵抗力。

從過去到現在，自體免疫疾病持續增加，很可能是適應外部環境和病原體的演化結果。或許可以預測，未來會出現更多這類的疾病。

另一方面，日本順天堂大學的研究也指出，發生於家畜的「鳥分枝桿菌副結核亞種」（Mycobacterium avium subsp. paratuberculosis，簡稱MAP）是引發多發性硬化症的原因。歐洲、美洲等地的家畜，感染MAP比例很高，而酪農業興盛的薩丁尼亞島也不例外。家畜身上攜帶的細菌，可能也對當地人的疾病產生一定程度的影響。

隨著醫學與科技進步，不僅薩丁尼亞島的神祕疾病，世界各地的好發疾病、地方性流行病的原因，都已經陸續明朗。

接下來，我們要繼續探討發生在其他離島的悲劇。

巴布亞紐幾內亞的「笑死病」

場景換到巴布亞紐幾內亞（Papua New Guinea，位於澳洲北部的島嶼國家），這裡曾經流行被稱作「庫魯病」（Kuru）的怪病。

這個病的名稱，源於當地法雷族（Fore）語言中的詞彙「kuria」，意思為「顫抖」。**病如其名，主要症狀就是四肢猛烈的顫抖**。其他還有關節痛、頭痛、身體協調障礙和步行困難等症狀。

發病時，病患會出現不自主的異常動作，四肢和軀幹會亂跳、亂動，類似「舞蹈症」（參見第二章第九節）的病徵。即使手腳固定，肌肉也會突然震動，出現肌躍症（myoclonus）的表現。

這種疾病也被稱作笑死病或哈哈病。因為人一旦罹患庫魯病，情緒起伏會變大，有時還會大聲狂笑。原因出在大腦功能異常，進一步導致認知功能受損，嚴重時甚至會導致病患無法說話。

庫魯病患者在患病數年內幾乎都會死亡，至今仍未發現有效療法。也就是說，一旦罹患庫魯病，就等於被宣判死刑。

不過，庫魯病不像其他傳染病那樣造成大規模傳染，只發生在巴布亞紐幾內亞的少數民族法雷族身上。到底為什麼會出現這種怪病呢？

解開庫魯病成因的人，是美國醫學研究者丹尼爾・卡爾頓・蓋杜謝克（Daniel Carleton Gajdusek）和巴魯克・塞繆爾・布隆伯格（Baruch Samuel Blumberg）。他們斷定庫魯病的原因出在「普恩蛋白」（Prion），由於這項貢獻，他們在一九七六年獲得諾貝爾生理醫學獎。

普恩蛋白是一種蛋白質，它比病毒小上許多，且不帶DNA等遺傳物質。普恩蛋白有特殊的增殖方法，分為正常狀態和異常狀態，而在異常狀態下會引發疾病。異常的普恩蛋白在腦內無法分解，會慢慢累積並誘發附近的普恩蛋白變異。

如果這個過程不斷持續，異常的普恩蛋白就會大量增殖。一旦超過某個定量，人就會發病。

正常狀態的普恩蛋白並不少見，它存在於身體的各處細胞，尤其大腦的數量最多。因此，普恩蛋白異常而引發的疾病，幾乎都對腦部影響很大。

異常的普恩蛋白從哪裡來？這要從法雷族特有的吃人肉習慣說起。

過去，法雷族會吃死去族人的大腦。這叫做同類相食（cannibalism），世界各地都曾有這種習慣。

一說認為，死者的大腦裡有異常的普恩蛋白，其他人則因吃了死者大腦而罹病。也有研究推測是煮食時，人身上的傷口感染到普恩蛋白，由於庫魯病較好發於負責處理食物的女性，這項推測尚稱合理。

後來，在澳洲政府的強制規定下（按：二十世紀時，該地受澳洲政府託管），法雷族終於停止了吃人習慣。由於發現致病原因，謎一般的庫魯病終於解決。

不過，現在每年仍有數起庫魯病發作的例子。漫長的潛伏期也是這種病的特徵。

本節介紹的兩種疾病，都起因於島的封閉性。

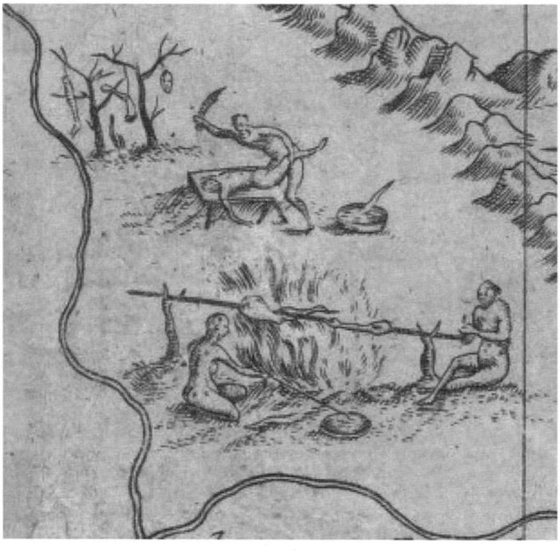

▲ 世界各地都曾有食人習慣。圖為 1569 年麥卡托世界地圖（Mercator world map of 1569）中的細節，描繪南美洲食人族。（圖片來源：維基共享資源公有領域。）

但這只是全世界一小部分的例子，各地離島仍然潛藏著無數未知的威脅。大海隔絕的環境，缺乏與外界文化交流，形成的社會往往狹小且密切，近代醫療知識也相對缺乏。因此，一旦發生傳染病，很容易一發不可收拾。

番外篇

吊掛大量詭異娃娃的娃娃島

索奇米爾科（Xochimilco）位於墨西哥首都墨西哥城，一九八七年入選聯合國教育、科學及文化組織（United Nations Educational, Scientific and Cultural Organization，縮寫為UNESCO）世界遺產。該地以運河聞名，水上都市是很受歡迎的觀光景點。

不過，這乍看華麗無比的街道，卻有一處恐怖的「娃娃島」（La Isla de las Muñecas）。踏上島的瞬間，你一定會吃驚無比！因為迎接你的是大量、讓人毛骨悚然的娃娃！

為什麼這座島上有那麼多娃娃呢？關鍵在一位名叫唐．朱利安．桑塔納（Don Julian Santana）的男性。

▲懸掛各式娃娃的墨西哥娃娃島（圖片來源：Adobestock／Gabriel O.）。

朱利安是索奇米爾科當地人。某天，他在湖邊發現溺死的少女。朱利安覺得少女很可憐，為了紀念這個死去的少女，於是他就把娃娃掛在樹上。後來，吊在樹上的娃娃越來越多，有全身完整的娃娃，也有無頭或失去身體的詭異娃娃，各式各樣都有。

朱利安過世後，掛娃娃紀念的習慣也沒有消失。觀光客開始聚集到這座島，並帶來各式各樣的娃娃，懷著對朱利安的敬意掛上娃娃。

這些娃娃看起來雖然詭異，背後卻充滿了溫暖和慈愛。

接下來，我們稍微脫離詛咒話題，來談談日本可愛的「貓島」。

「貓島」就是田代島，隸屬宮城縣石卷市（按：位於日本東北地方），被蔚藍的大海包圍，擁有豐富自然生態的島嶼。島上居民未滿一百人，而貓咪的數量比人還多，據說超過一百三十隻。

田代島從以前就盛行大謀網（定置網）的捕魚法。各地區都有召集捕魚的領頭人，他會帶領同場捕魚的成員共同起居。漁民在島的各處建立小屋作為據點，而想找食物吃的貓，就會聚集到這些小屋附近，然後貓越生越多，最後形成貓比人還多的盛況。

田代島以前的主要產業是養蠶，為了防止蠶的天敵老鼠吃掉蠶繭，當地人養了很多貓，因此這些貓也備受重視。漁夫還會參考貓的行為，預測天候和漁獲狀態。有些人認為貓變成占卜的道具很有趣。

對田代島的居民而言，貓是不可或缺的存在。

或許有人會想：「只不過就是一座有很多貓的島而已吧！」不過，這座島的居民可是把貓當作神明一樣供奉！

據說，曾有隻貓因為意外事故而死去。漁夫領頭人很難過，因此慎重埋葬牠，而後年年豐收，他們便建造神社紀念牠（按：即田代島貓神社，位於田代島中央），「貓咪神明」就這樣流傳至今。

而除了田代島之外，日本各地還有許多被稱為「貓島」的島嶼（按：臺灣也有貓島，即澎湖虎井嶼）。

5 異形、鬼怪的真面目

本節想以科學的角度，探討各地傳說怪物（鬼怪、妖怪、吸血鬼、巨人和狼人等）的真面目。

這些怪物其實都是誤會、偏見和疾病下產生的可憐生物。以下將結合疾病蔓延、治安惡化等社會背景因

▲日本九州別府溫泉中，鬼山地獄的赤鬼像。（圖片來源：維基共享資源公有領域。）

素，探究這些異形的真面目。

日本的赤鬼和青鬼

日本以鬼怪為題材的創作作品非常多。例如「哭泣的赤鬼」32和〈鬼的內褲〉33等。此外，在節分34和祭典等活動，鬼怪往往也會登場。

據說，以前鬼怪會到處出沒。日本平安時代已經固定將這類妖怪稱為「鬼怪」（鬼，おに），民眾都得注意不要碰上怪物。當時的繪卷也有記載紅色、藍色和黑色等各種膚色的怪物。

提起這種**日本鬼怪**，多半會想到**頭上長角**、**容貌恐怖**，**穿著特殊的服裝**，**並且手持武器**。巨大身軀和特殊膚色尤其是鬼的特徵。大多數人會想到的，可能是**紅色或藍色皮膚**、**肌肉發達的巨人**吧！

為什麼大家會有這麼一致的印象？鬼怪的形象又是從什麼時候開始，出現在人們的記憶中？讓我們從「法醫學」的角度解讀這件謎題。

所謂的法醫學，就是指「研究與法律案件相關的醫學問題，應用於司法、立法和行政上的醫學部門」。

負責檢查和鑑定生物、屍體、物體和案發現場，為殺人、傷害等刑事案件提供搜查和裁判的資料，也會對非自然死亡的屍體進行行政相驗或解剖，與一般人認知中的「醫學」可能差異頗大。近年的戲劇《法醫女王》35，就是以法醫學為主題。

32 日本作家賓田廣介創作的兒童文學作品，並被採用至日本教科書。

33 日本童謠，改編自義大利歌謠〈登山纜車〉（*Funiculì funiculà*）。

34 立春前一天，日本傳統習俗為撒豆子驅邪。由屋內向屋外撒豆子時，會一邊喊：「鬼向外！」接著再從屋外往屋內撒，並喊：「福向內！」

35 日本TBS電視臺播出的連續劇，播出時間為二〇一八年一月至三月。

法醫學的主要目的就是「找出死因」。觀察或解剖死因不明的屍體，弄清楚有沒有存在犯罪事實。

人體在死後主要會出現兩大現象，分別是「早期屍體現象」和「晚期屍體現象」。前者在死後一天內出現，例如瞳孔對光的反應消失、瞳孔放大等。而晚期屍體現象出現在早期屍體現象之後，主要出現自溶[36]和腐敗。

鬼怪的謎團，關鍵就在晚期屍體現象。當屍體開始腐敗，產生的氣體讓屍體膨脹，導致全身（或局部）巨大化，屍體的外觀就會變成鬼怪的樣子。

屍體腐敗會出現相當劇烈的變化。在某些氣溫和環境條件之下，很可能完全看不出生前容貌。且由於屍體會散發劇烈惡臭，讓人無法靠近，可能因此被視為令人恐懼的異形生物。

不僅於此，**屍體腐敗的不同階段，膚色也會產生變化**。

首先，屍體會變藍色（青鬼化），這是由於腐敗氣體使色素變質。接著，屍體因為血紅素瓦解而染色，使原本的藍色皮膚轉變成紅色（赤鬼化）。當屍體進一步腐敗，就很難維持形狀，會慢慢發黑（黑鬼化）。腐敗後的屍體，就會成為白骨（白鬼化）。

鬼怪雖是幻想中的產物，但其實可以透過醫學知識解讀。

當今二十一世紀，目擊到鬼怪的例子已少之又少。不過，古代經常發生飢荒，再加上屍體處理不當，人們容易接觸到屍體。正因如此，才會不斷出現目擊到鬼的證言。再加上以前的影像技術和照片沒那麼發達，人們看到死於飢荒和暴動的屍體，很可能就會誤認是鬼。而為了不讓健康的人靠近屍體，才流傳「鬼很可怕」的說法也說不定。時代背景和資訊不發達之下，衍生出來的怪物，或許就是日本鬼怪的真相。

所謂的「鬼怪」，其實都是人。

36 Autolysis，指屍體內的酵素分解自身的現象。

河童背上有殼、綠皮膚的原因

河童是日本神話中的傳說生物。牠有鳥喙、青蛙的四肢、猴子的身體與烏龜的殼。

據說，牠的弱點就是頭部中央的凹陷部位（形似盤子），只要讓牠頭頂盤子裡的水流光，牠就會精力盡失。

這種怪物的真面目，其實也可以用科學說明。

有關河童的真面目眾說紛紜，**最普遍的說法是「孩童溺水的屍體」**。在以往，孩童溺死的事件時有所聞。

首先從膚色談起。河童特殊的綠色皮膚，是因為屍體腐敗和吸收水分而導致變色。血液中大量存在的血紅素，在腸內產生的硫化氫作用下，變成硫變性血紅素（sulfmethemoglobin），才使皮膚變成綠色。屍體長時間泡在水裡導致腐敗——若從這個角度解釋，河童的傳說也就沒這麼離奇。

而有關河童頭上的盤子，或許可以這樣解釋：死後掉髮的狀態，剛好讓屍體看起來像是頭頂著盤子。

而過了屍僵狀態[37]屍體開始腐敗，這時會大量吸收水分，導致背部膨脹，看起來就像是背部有殼。

據說，河童會摘走孩童的尻子玉[38]，所以令人忌憚。

不過，**河童傳說或許也跟鬼怪傳說一樣，都是人們為了避免再度出現犧牲者，而發出的警告。**

但無論如何，現代要看到河童的可能性微乎其微。這種怪物，大概只會出現在基礎建設和資訊都不發達的時代吧！

---

37 約在死後三至四小時，屍體會逐漸變僵硬，二十四至四十八小時之後自然緩解。

38 位於肛門部位的假想器官。傳說，若人的尻子玉被河童奪走，可能會因此死去。

◀江戶時代末期的浮世繪大師葛飾北齋筆下的河童。（圖片來源：維基共享資源公有領域。）

▼江戶時代繪師佐脇嵩之《百怪圖卷》中的河童圖。（圖片來源：維基共享資源公有領域。）

墳墓中甦醒的怪物——吸血鬼

前面談了日本自古以來的怪物。接下來要探究「西洋妖怪」，也就是歐、美國家流傳的那些駭人怪物。

「吸食人血維生的怪物」，這種概念從古羅馬時代就已經存在。進入中世以後，才出現「吸血鬼」（Vampire）的稱呼，語源據說來自「ubyr」，為突厥語[39]的「巫師」之意。

吸血鬼傳說幾乎遍及歐洲，並出現在許多文學作品中。最有名的是愛爾蘭小說家布拉姆．斯托克（Bram Stoker）的恐怖小說《德古拉》（*Dracula*）。

小說主角德古拉伯爵是以一位真實的歷史人物為原型，也就是弗拉德三世

39 為世界主要語系之一，內部包含至少三十五種語言，主要分布在歐亞大陸。

（Vlad III）。他是瓦拉幾亞公國[40]領主，在羅馬尼亞是擊退鄂圖曼帝國的英雄（按：在《德古拉》出版以前，傳說中的吸血鬼都是醜陋、沒有智力的形象；而小說中的德古拉文質彬彬、聰明、有魅力，塑造出後世的吸血鬼文化）。

除了弗拉德三世之外，也有非常多著名人物被謠傳是吸血鬼。

根據二〇一四年科學雜誌《公共科學圖書館：綜合》（*PLOS ONE*）的報導，吸血鬼在波蘭被視為「死靈」。這種解釋沒什麼錯。因為**吸血鬼的傳說，應該也是起因於屍體變化**。

▲吸血鬼德古拉的原型——弗拉德三世。（圖片來源：維基共享資源公有領域。）

歐洲因為信仰關係，死者多為土葬。

已經入土的死者，如果因為某些原因被挖出來，屍體卻仍完好的話，看起來就像隨時準備脫離墓穴吧？這就體現了吸血鬼「不老不死」的主要特徵。

當時的人根本不清楚屍體的腐敗過程。有些屍體因為某些原因比較晚分解，被原本一起生活的居民看到屍體面容蒼白的躺在地底，很容易就誤以為是怪物。

屍體腐敗過程中，往往會排出體液。內臟腐敗時，會從口、鼻流出黑色液體，人們看了就誤以為吸血鬼吸血了！屍體腐敗的變化使民眾更加恐懼，以訛傳訛之下，吸血鬼的迷信因此傳播開來。

當時的人為了防止屍體變成吸血鬼，甚至會在屍體的口中塞入磚塊。

---

40 Wallachia，位於羅馬尼亞南部，曾於一二九〇至一八五九年存在的大公國。

不過，日本的民間傳說中，幾乎沒有符合「不老不死」、「吸食鮮血」特徵的妖怪。為什麼日本沒有吸血鬼？

理由眾說紛紜，最簡單的理由是「以前日本人處理屍體，基本上都是火葬」。屍體火化後都化成白骨，所以不會出現從墳墓中甦醒的怪物。

從怪物的傳說探究各地區的文化和風俗差異，也是非常有趣呢！

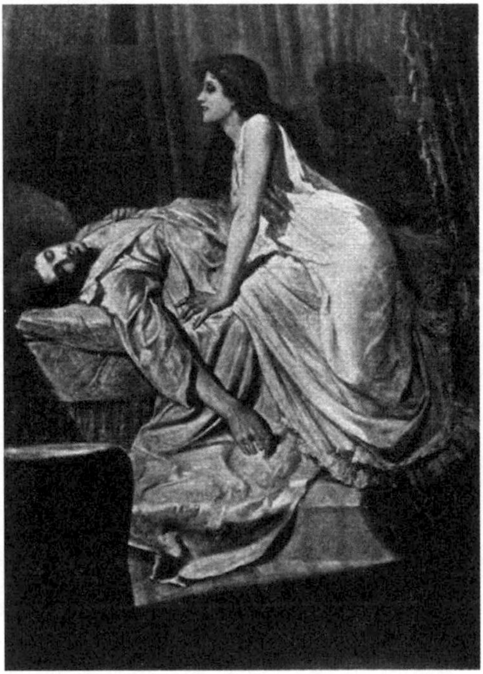

▲〈吸血鬼〉（*The Vampire*），英國畫家菲利普・伯恩－瓊斯（Sir Philip Burne-Jones）的著名繪作。（圖片來源：維基共享資源公有領域。）

世上真有巨人跟狼人？

西方神話和奇幻故事中，經常出現肌肉發達的巨人。甚至也有巨人吃人的傳說故事。

而現實生活中，可以從文獻資料找到巨人傳說的痕跡。例如東京都世田谷區代田的地名，就是源自傳說中的巨人大太法師。古時這裡曾經存在窪地，據說是他的足跡。

巨人存在的痕跡，究竟歷史上的真實性為何？為什麼世界各地都流傳著巨人傳說呢？

首先要談的是**巨人症**（gigantism），這種病的**患者由於幼年時期分泌過多的生長激素，導致骨骼無法停止生長，所以身高往往異於常人**。有時，還可能併發心臟衰竭和視力障礙。

例如江戶時代的相撲力士生月鯨太左衛門，據說就是巨人症患者。他的身高高達兩百三十公分！以當時的人平均身高一百五十五公分來看，可說是非常巨大。

雖說如此，其實巨人症的患者非常稀少，因此我們可以推斷，這應該不是造成世界各地眾多巨人傳說的主因。

接下來介紹另一個有力的說法，就是「**人種差異**」。**人看到跟自己長得不同的生物，很容易誤認為是妖怪或怪物。**例如前面所說的江戶時代，當時日本人平均身高都很矮，又因為鎖國政策而與外國缺乏交流。當他們偶然遇到外國人時，確實有可能會誤以為是巨人。

▲著名的女巨人安娜．海寧．貝茨（Anna Haining Bates，身高241公分）與丈夫馬丁．范布倫．貝茨（Martin Van Buren Bates，身高236公分）。（圖片來源：維基共享資源公有領域。）

這種情況也不限於日本。在交通不便的時代，不論哪裡的人，都很難有機會與其他民族接觸，同樣誤把外國人當怪物的情況應該層出不窮。不過，隨著營養改善和資訊技術發達，因為人種差異而引發的巨人傳說，已經逐漸成為歷史。

最後一個說法，就是「把動物骨頭誤認為人骨」。

根據美國研究團隊發表在科學雜誌《英國皇家學會報告生物科學版》（*Proceedings of the Royal Society B*）的研究，原本以為是隱居在喜馬拉雅山的雪人夜帝（Yeti）其骨骼和皮毛，其實很有可能是熊。

夜帝是身高大約兩公尺的生物，特徵是全身長滿毛髮。

博物館中保存的夜帝標本，經過研究團隊仔細調查，解析細胞中的粒線體

▲喜馬拉雅山居民繪製的雪人想像圖。（圖片來源：維基共享資源公有領域。）

DNA，發現多數樣本都顯示是「熊」。於是研究團隊基於生物學論點，主張**傳說中的雪人其實就是一隻熊**。

傳說中的可怕生物，若以現代科學來解釋，一點也不可怕。

最後一個要探討的怪物是「**狼人**」。

這種怪物的真面目，會不會**只是罹患「先天性遺傳多毛症」**

▲《詭麗幻譚》1941 年 11 月號收錄的狼人插畫。（圖片來源：維基共享資源公有領域。）

▲美國「鬍子小姐」安妮·瓊斯·艾略特（Annie Jones Elliot），可能就是先天性遺傳多毛症的患者。（圖片來源：維基共享資源公有領域。）

（hypertrichosis）**的人類**？

如同字面上的意思，多毛症就是體毛過度生長的疾病。不過，先天性遺傳多毛症其實極為罕見，應該不曾大量出現病例。

但是，我們絕對不可以小看多毛症。西班牙過去就曾發生把胃藥和生髮藥搞錯，導致十七名孩童身體長毛的事件。在當時那個年代，他們或許曾因此遭受無端歧視。

至於其他原因，可能與**當時大流行的狂犬病有關**。由於想提醒大家注意狂犬病，便藉由迷信的方式傳播錯誤資訊。甚至，曾有人出現「狼化妄想」（lycanthropy），以為自己會變成狼人。

以上就是對怪物真面目的推測。但即使真相已被揭曉，人們還是會熱切談論這些怪物的傳說故事。畢竟，這些故事為人們增添了許多生活樂趣。

木乃伊，永生的人

前面提到各種非人類的異形，接下來則要談談「曾經是人類的異形」。

首先是「木乃伊」，全身包著綳帶、放置在棺木中的模樣，想必人人都不陌生。不過，你是否也曾好奇：為什麼好幾世紀前的屍體，可以完全不腐敗而保存到現在？

這其中，凝聚著先人的高度智慧。

▲古埃及第十八王朝第九任法老阿蒙霍特普三世（Amenhotep III）的木乃伊，其統治期為西元前 1391至前 1353 年，或西元前 1388至前 1351 年。古埃及人認為，人死後可以復活，而靈魂復活後需要原先的身體，因此必須保存遺體，以供死者來生所需。（圖片來源：維基共享資源公有領域。）

遺體在製成木乃伊之前，要先清洗乾淨、去除內臟，接著進行防腐處理，用的是一種叫做泡鹼（natron）的碳酸鹽礦物，遺體抹上泡鹼可以去除水分。調整好遺體的形狀後，再仔細纏上繃帶，塗上防腐的樹脂和香料，接著再反覆纏上繃帶，最後用麻布固定。經過這一系列慎重的處理過程，木乃伊才得以長久保存。

透過研究木乃伊，可以了解埃及木乃伊的製作過程和時代文化。木乃伊研究已經行之有年，現代可以用X光等不傷害木乃伊的方法進行研究及調查。近年來，透過電腦斷層掃描，甚至能查出木乃伊生前的身體狀況，以及罹患何種疾病，有助於分析古代人的生活模式。

除了木乃伊外，其實還存在著其他不會腐敗的屍體。例如「屍蠟」（adipocere）。這是屍體變得像蠟像的現象，當環境條件符合時，就會引發這種現象。

最常見的是溼度高且通風不良的場所，像是水中或溼地，就很容易形成屍蠟。身體組織中脂肪的厭氧細菌水解[41]後形成屍蠟。時間越久，屍蠟會變得脆硬。屍蠟沉積的時間，皮下組織需要數個月，肌肉組織則要好幾年才會完成。

至於非木乃伊也非屍蠟的屍體，統稱為「第三類永久屍體」。形成的原因很多，在鉛或汞化合物的影響下產生的屍體就是典型例子[42]。

這些現象都是「特殊的屍體現象」。**屍體不腐敗的情況非常稀少，因此以前的人認為，這是無所不能和權力的象徵**。透過完整保存屍體，讓死者的榮光流傳後世，並祈願來世復活。

---

41 物質與水反應，利用水形成新物質的過程。

42 例如美國曾以砷、汞及鋅化合物作為屍體防腐劑。後來則有福馬林（Formalin，甲醛含量三五%至四〇%的水溶液），至今仍常作為保存標本之用。

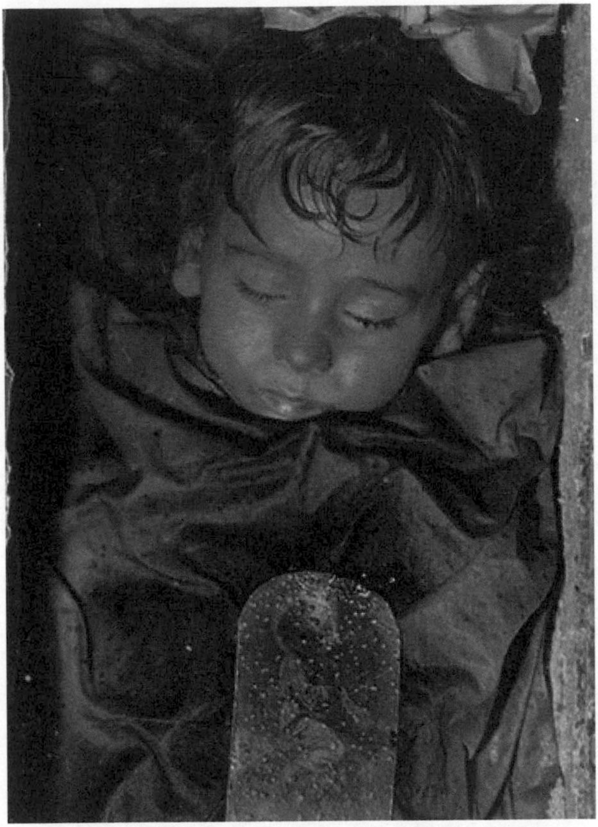

▲ 羅沙麗亞・倫巴多（Rosalia Lombardo），1920年因感染流感而過世，死亡時僅2歲，她的父親捨不得將她埋葬，便請醫生設法長期保存她的遺體。
此圖攝於1982年，即倫巴多過世後62年。目前，此遺體存放在義大利西西里島卡普奇尼地下墓穴（Catacombe dei Cappuccini）。（圖片來源：維基共享資源公有領域。）

6 疫病，大自然對人的詛咒

即使到了二〇二二年，新冠肺炎（COVID-19）依然對全世界造成影響。不過，這場疫病大流行不是人類史上第一次，也不會是最後一次。

過去，人類也曾好幾度與疾病大流行對抗。為什麼傳染病不會消失？傳染病的目的是什麼？為了避免空前的疫病再次大流行，我們又該怎麼做才好？

近年來，陸續有中東呼吸症候群（Middle East respiratory syndrome，縮寫為MERS）、嚴重急性呼吸道症候群（Severe Acute Respiratory Syndrome，縮寫為SARS）和新冠肺炎等世界性傳染病發生。

人類長久以來，多次與傳染病交戰，治療法和預防法已經有長足發展，卻還是被巧妙的病原體耍得團團轉。甚至可以說，**時代越進步，病毒傳播的速度就越快**。

接下來要談一個傳染病的代表例子，主要流行於非洲的伊波拉出血熱（Ebola hemorrhagic fever）。

交通便利，反成為傳染病溫床

約半世紀前，中非的一處小村莊開始出現這種疾病。人類受到傳染，是因為接觸黑猩猩和大猩猩等熱帶雨林的野生動物。牠們在叢林裡捕食的生物，就是伊波拉病毒的宿主。

伊波拉出血熱的死亡率極高，所以很難引發大流行，起初只造成小規模流行而已。不過，二〇一四至二〇一六年期間，西非爆發伊波拉大流行，情況開始不同。

西非國家幾內亞（Guinée）爆發大流行後，疫情就延燒到該國首都等大都市，情況一發不可收拾。而幾內亞在二〇二一年，再度發布國內出現伊波拉疫情，顯示其尚未脫離伊波拉病毒的威脅。

▲一名在美國疾病控制與預防中心（Centers for Disease Control and Prevention，縮寫為CDC）工作的人員，正在焚化伊波拉病患者的醫療廢物，攝於1976年的薩伊（薩伊共和國〔Republic of Zaire〕，剛果民主共和國在1971至1997年間使用的國名）。（圖片來源：維基共享資源公有領域。）

伊波拉病毒屬有好幾種，每一種都有極高的致死率。

傳染病之所以能造成世界大流行，就是因為全球人口的增加和密集化。當人與人的接觸變頻繁，飛沫傳染的機會也會變多。另一方面，森林破壞、地球暖化、人口集中於都市等，這些社會環境因素也不可忽視。

此外，**交通方式大幅發展，人們搭飛機移動的機率增加，都為傳染病提供了良好的傳播條件**。無論世界哪個角落發生傳染病，對全世界的人來說都是大問題。

即使是醫療體制健全的先進國家，遇到未知的疾病也束手無策。因此，推動傳染病的應對策略非常重要，想辦法預防和治療是當務之急。

伊波拉出血熱和愛滋病 43 等近幾年新出現的傳染病，都稱作「新興傳染病」。至於以往發威過，現在又再度流行的傳染病，則被稱作「再興傳染病」。

二〇一四年夏天，登革熱疫情在日本爆發，是相隔七十年後再度大流行。對病毒的媒介「白線斑蚊」（*Aedes albopictus*）幾乎沒有防治對策、人群密度高、國與國之間往來增加，以及高溫的日數變多等，都是導致登革熱再度於日本流行的原因[44]。

多數傳染病不只造成一次的世界大流行，還潛藏再度流行的可能性。例如結核病、白喉、霍亂和黃熱病等。厚生勞動省為了防範這些疾病傳入日本，在日本各地都設有檢疫所（按：臺灣為衛生福利部疾病管制署負責傳染病防制相關工作）。

即使日後新冠疫情平息，傳染病的威脅也不會減少。現代社會非常方便，只要搭飛機幾乎就可以到任何國家，也讓人隨時隨地都有染病風險。因此，一

43 全名為「後天免疫缺乏症候群」（Acquired immunodeficiency syndrome），簡稱AIDS。

44 臺灣近十年來較為嚴重的登革熱疫情，為二〇一四年高雄市發生的疫情，有近一萬五千名病例、十五人死亡；以及二〇一五年臺南市爆發的疫情，高雄、屏東也分別發生，總計約四萬四千人確診、兩百一十八人死亡。

定要經常接收傳染病的資訊，漱口和洗手等基本清潔絕不可少！

從人類漫長的歷史來看，大多數疾病的原理都是到了非常近代，人們才真正了解。在這之前，人類對傳染病大多無計可施，頂多只能把死去的人們集體埋葬。

不過，隨著時代進步，人類終於找到如何治療和防治疾病。藉由科學的力量，我們能盡力採取適當的應對方式，與傳染病共存。

南極真的是「無菌之地」嗎？

網路流傳「在南極不會感冒」，這種說法似乎很有道理，我們確實不太容易想像人在南極還發燒的樣子。

不過，這絕不是因為南極是無菌狀態。

南極的空氣很乾淨，病毒會自己滅絕，所以細菌和病毒飄散在大氣中的可能性很低，而且也很少有腺病毒等一般感冒病毒。在南極，病毒很難繁殖。

因此，南極探險隊在前往南極之前，為了不把病原體帶到南極，別說感冒，就連蛀牙和足癬都得治好後才能出發。嚴謹的入境檢疫措施，可以預防將各種傳染病帶進南極。

特別需要注意的是蛀牙。因為南極的溫差非常大，會影響填充物和牙齒之間的密合度。到了南極，牙齒的填充物很容易脫落，治療環境卻相對不完備。因此，牙齒有問題的人，到南極之前一定要完全治好才行。

到南極還需要注意另一件事，就是防範紫外線，因為南極有臭氧層破洞（Ozone depletion）。所謂臭氧層破洞，指的是南極上空臭氧含量變少的區域（排放到大氣中的氟氯碳化物是主要原因）。

穿透臭氧層破洞的紫外線，在周圍的雪和冰之間不斷反射，輻射因此變得更強。室外作業時，一定要做好防晒和戴上太陽眼鏡。雖然目前南極的臭氧層破洞有縮小傾向，但是仍然需要做好某種程度的防護措施。

近年新冠肺炎肆虐全球，南極也沒有倖免於難，因為病毒被人帶入南極。幸好並沒有爆發大規模的群聚傳染。

但是，長期待在南極的人，由於身體已經習慣周圍環境細菌很少的狀態，免疫力可能會降低。這種因為與外界隔絕而產生的影響，必須十分當心。

番外篇

恐怖的極地美食醃海雀

一般來說，在嚴寒之地東西很難發酵，因為細菌的繁殖有限。不過，在凍原地帶卻有一種傳統發酵食物「醃海雀」（kiviak）。極地居民很難攝取到礦物質和維生素，醃海雀就成為很重要的攝取來源。

醃海雀的材料，是海豹和巴掌大的侏海雀（little auk）。不過，這道菜的調理方式有點特殊。竟然是把海豹肚子的內臟取出來，只留皮下脂肪和皮，再把幾百隻侏海雀塞進海豹肚子。而如果有太多空氣跑進去，海雀還沒發酵就會先腐敗，所以必須盡可能塞滿、減少空隙。

接著，把海豹的肚子縫起來，同時仔細排除空氣。最後把塞滿侏海雀的海豹埋到地下，等到可以吃的時候再挖出來。

熟成時間約是數個月到數年。自地底挖出來後，從海豹肚子取出醃好的侏海雀。當地人只吃海雀，不會吃海豹。

醃海雀看起來恐怖，氣味難聞，不是一般人可以接受的食物。不過，確實有些非當地人也是醃海雀的愛好者，例如日本探險家植村直己[45]。在極地有繁殖力如此強大的細菌，而人類竟然還懂得巧妙的利用，真是令人佩服！

▲海雀圖，德國鳥類學家約翰．弗里德里希．瑙曼（Johann Friedrich Naumann）所繪。（圖片來源：維基共享資源公有領域。）

45 第一個登上世界最高峰聖母峰的日本人，也是世界第一個成功攀登五大陸最高峰者。一九八四年攀登美國德納利（Denali）山後失蹤。

7 地震、海嘯，都是因神怒？

地震和颱風等災害，由於不可避免，又動輒造成重大災情，長年來使人類困擾不已。

而且，這類**天災不僅會造成人身安全危害，甚至還有引發人心血管疾病的風險**。

天災不可預測，因此自古以來，**災害都被視為神明發怒**。

世界各地都有與天災相關的神明故事，像是風神[46]和雷神[47]等都很常見。

而為了確認神明的心情，以及預測接下來可能發生的災害，民眾便會舉行占卜和祈禱。

到了現代，我們已經知道災害並不是神明引起，只是自然現象。至於預測，準確度雖已有長足進步，但仍無法一〇〇%精準掌握。

在日本，有個常見的防災咒語是「kuwabara、kuwabara」，是打雷時要念的咒語。「kuwabara、kuwabara」寫成漢字是「桑原」兩字。

為什麼「kuwabara」

▲ 北歐神話中的雷神索爾形象，出自蘇格蘭考古學家亞歷山大·穆雷（Alexander Murray）的著作《神話手冊》（*Manual of Mythology*）。（圖片來源：維基共享資源公有領域。）

▲ 中國神話中的雷神形象，出自明萬曆年間刊刻《新刻出像增補搜神記》。（圖片來源：維基共享資源公有領域。）

會變成避免落雷的咒語呢？這就跟日本三大怨靈之一的菅原道真有關。

據說，菅原道真死後變成雷神，「桑原」指的就是他的領地，而當地從來沒出現過落雷。在避雷針不發達的古代，沒有落雷是非常罕見的事。因此，「kuwabara」才會成為避災的咒語。

若想了解上古的災害情形，可以透過當時的日記文學來一探究竟。例如平安時代末期至鎌倉時代初期作家鴨長明，他的隨筆《方丈記》就是很值得參考的災害見聞錄。而同樣是鎌倉時代初期的官員藤原定家，他的日記《明月記》中，甚至有關於超新星爆炸的描述[48]，對天文學的發展大有幫助。

46 例如中國神話中的飛廉、希臘神話中的埃俄羅斯（Aiolos）、日本神話中的志那都比古神等。
47 例如北歐神話中的索爾（Thor），中國神話中則有雷公（掌管雷）和電母（掌管閃電）。
48 發生在一〇五四年，為陰陽師報導過去的紀錄，而被作者寫進《明月記》。

而除了災害直接造成的損害之外，我們還需要小心災害引發的疾病。

災害後的併發症

遇到地震、大雨和颱風等災害，光是避難往往已經應付不及。不過，有個特殊疾病必須多加注意，因為最糟的情況很可能致命。

發生災害時，最容易引發「經濟艙症候群」（醫學正式名稱為深部靜脈血栓〔Deep Venous Thrombosis〕）。它的名稱會讓人直接聯想，是不是搭飛機才會出現這種疾病？其實，發生災害時也可能患病。

由於災害發生後，**人們避難時往往得長時間待在下肢無法充分伸展的環境**，像是車子或避難所等處。**由於久坐不動，腿部肌肉收縮減少，下肢血液回流的速度減緩，就可能淤積而形成血栓**[49]。

當下肢出現血栓，血栓隨著血液在血管內移動，一旦移動到肺部，很可能導致肺栓塞，這就是經濟艙症候群。

這是比較新的疾病，最早的案例出現在一九四〇年倫敦空襲[50]。

由於交通工具急速發展，進化到可以讓人長時間乘車，才提高這類疾病的出現機率。至今為止，這種疾病已經奪去不少人的生命（例如二〇一六年的熊本地震，有超過十人死於經濟艙症候群）。

此外，**災害發生時，人往往無法適當補充水分，血液變得濃稠，更容易形成血栓**。為了防止血栓，一定要攝取足夠水分；運動，可以讓下肢保持血液流動，也是預防血栓的有效方法。

另一個與災害有關的併發症，則是「海嘯肺炎」。

---

49 血管中形成的血塊，由血小板、纖維蛋白等組成。
50 二戰期間，納粹德國對英國首都倫敦實施的戰略轟炸，時間為一九四〇年九月七日至隔年的五月十日。

這是指因海嘯而引發的抗藥性肺炎。二〇〇四年印度洋大地震[51]後，出現一種因海嘯而起的疾病，所以就以「海嘯肺炎」命名。

由於海嘯發生時，水底淤泥等有害物質被帶到地面，當海水乾燥後，這些有害物質變成粉塵，人吸入後就引發肺炎等相關疾病。

日本也有海嘯肺炎的案例[52]。沿海工廠地帶排放的工業廢棄物會堆積在海底，人如果暴露在這些汙染當中，一定會對健康有害。

只要對海嘯肺炎的患者施以一般的抗菌治療，幾乎都能改善，但是也有因為黴菌感染和耐性菌引發的細菌性肺炎。當一般抗菌治療無效，一定要儘早將患者移送到災區外的醫療機構接受治療。

▲1940年倫敦空襲時，倫敦市民逃到地下鐵避難。（圖片來源：維基共享資源公有領域。）

大型天災時，一定會遇到的治療難題，就是醫療資源有限。這時，「災難醫療救護隊」（Disaster Medical Assistance Team，簡稱DMAT）就會派上用場，他們不僅比一般的醫療團隊更有機動性，還可與受災當地的警察共同合作。DMAT是災難醫療不可或缺的存在。

此外，災害前後罹患章魚壺心肌症的人也會明顯增加。

章魚壺心肌症是一種心臟疾病，症狀是突然胸痛和喘不過氣，和急性心肌梗塞很像。如果冠狀動脈的血流沒有問題，那就不是心肌梗塞，而是章魚壺心

---

51 發生於該年十二月二十六日，震央位於印尼蘇門答臘島亞齊省西岸一百六十公里，地震規模九．一至九．三。地震後引發浪高十五至三十公尺的巨大海嘯，經常俗稱為「南亞大海嘯」。

52 二〇一一年三月十一日，日本發生東日本大地震，離震央最近的岩手縣、宮城縣、福島縣的海岸地區遭到巨大海嘯襲擊。八年後，日本放送協會（NHK）以「黑色海嘯」為題，介紹帶有水底淤泥的海水所造成的災害，以及海嘯肺炎的影響。

肌症。

此病的患者其心臟在收縮期時，外觀像漁民捕章魚用的章魚壺，因此得名「章魚壺心肌症」。通常，章魚壺心肌症經過一段時間就會恢復。但是，最壞情況可能演變成心臟衰竭，一定要特別注意！

天災造成的災害，不只天災本身，還可能引發人的其他併發症，因此心理健康非常重要。科學可以打破災害詛咒，有備無患才是最重要的。

第二章
人體內部的神祕現象

類似詛咒的現象，也潛藏在人的身體內部。
不過，在醫學發達之前，這些祕密一直都不為人知。
迷信、錯誤的知識和療法，更助長了詛咒的傳說。

8 血液，致病或治病？

沒有血液，我們就無法存活。

現代的人們了解血液的重要性，在各地設置捐血中心，以提供需要血液的人使用。

詛咒有時也會用到血液。例如非洲的阿贊德族（Azande，居住在中非）和尼亞庫薩族（Nyakyusa，居住在坦尚尼亞南部）會把動物血當成詛咒道具，他們把血塗在房子的柱子上，藉以招來疾病和死亡。

從過去到現代，人類與血液之間，究竟有多少不可思議的故事？

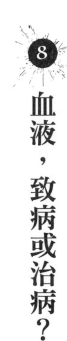

理髮師服務項目之一：幫客人放血

理髮店門口設置的細長圓柱，你知道那代表什麼嗎？那叫做「三色柱」（Barber's pole）。顏色來自動脈血（紅）、靜脈血（藍）和繃帶（白）。

為什麼理髮店會與血液和繃帶扯上關係？這就要追溯到中世紀的歐洲。當時，多數理髮師都身兼外科醫師，在店門口放置三色柱，就是要讓顧客知道「我也有擔任外科醫師」！

在中世紀歐洲，人們非常依賴理髮師。他們除了剪髮之外，還會治療傷口和切除潰瘍，實施現代所謂的「醫療行為」。

▲理髮店門口設置的三色柱。（圖片來源：維基共享資源公有領域〔作者：Dan Gold〕。）

其中，最常見的服務就是「放血」。

簡單來說，放血就是釋出血液。當時的人認為，減少體內壞血可以讓血液循環變好，進而改善疾病，讓身體恢復健康。令人驚訝的是，直到十九世紀末，人們依然相信「除去壞血可以使身體變好」。

如果血是「壞」東西，那放血也無可厚非，實際上卻完全相反。血液對我們身體的循環、輸送物質和防禦感染幫助很大。放血不只效果有限，還可能出現負面影響。

以現代人的醫學常識來看，應該很少人會相信放血能治病；然而，中世紀歐洲的人卻對放血治病深信不疑，真是不可思議！

▲ 描繪放血的繪畫作品，約為 13 世紀晚期。（圖片來源：維基共享資源公有領域。）

輸血，曾是與死神打交道的危險行為

在現代，輸血已經是理所當然的醫療行為。但在數世紀以前，是與死神打交道的危險行為。

歷史上最早的輸血例子出現在一六六七年。執行者是法國醫師讓─巴蒂斯特・德尼（Jean-Baptiste Denys），而且他用來輸血的不是人血，而是羊血。他對失血過多的患者進行輸血，竟然奇蹟痊癒。不過，後來他用同樣方式對其他患者輸血，卻導致患者死亡，後來輸血行為就被禁止。

直到奧地利科學家卡爾・蘭德施泰納（Karl Landsteiner）發現ABO

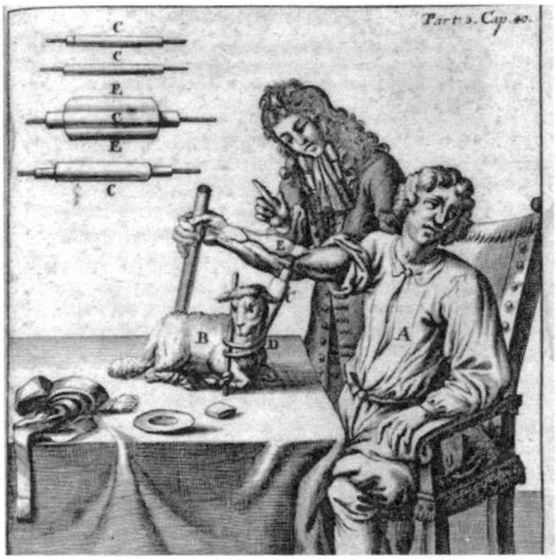

▲人類歷史上第一次成功的輸血，是將羊血輸到病患身上。（圖片來源：維基共享資源公有領域。）

血型系統（他也因此獲得一九三〇年諾貝爾生理醫學獎），加上後來發明抗凝血劑，接著又設置血庫，歷經這些過程後，我們才得以安全輸血。

「不同血型的人，不可以互相輸血」，我們應該都知道這項常識。但究竟是為什麼呢？「不同血型」指的又是什麼？

不同血型，其實就是「抗原不同」。

血液中有特殊的抗原和抗體，有些組合可能會產生排斥反應，因此輸血必須採用相同血型。接下來要進一步說明抗原與抗體的關係。

紅血球的血型，是根據紅血球表面的抗原來決定。血型有很多種類，以下僅談ABO血型[53]。

53 根據國際輸血協會（International Society of Blood Transfusion）的認定，共有三十種主要的人類血型系統，其中ABO血型系統，是人類最早認識與最重要的血型系統。

ABO血型分成A、B、O和AB型四種。

A型血液的紅血球表面帶A抗原，血漿中有抗B抗體；B型血液與A型相反，紅血球表面帶B抗原，血漿中有抗A抗體。

若這兩種血液混在一起，會發生什麼事？

除了A抗原與抗A抗體、B抗原與抗B抗體會相互結合之外，在補體系統[54]的作用下，還會引發紅血球自溶。這種情況非常嚴重，可能導致喪命，因此A型和B型之間禁止輸血。

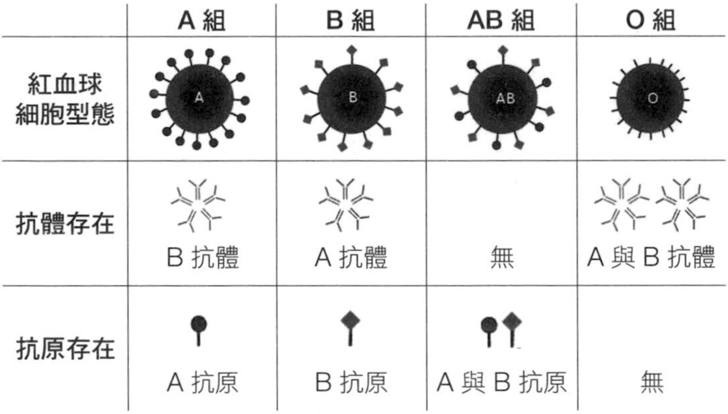

	A 組	B 組	AB 組	O 組
紅血球細胞型態	A	B	AB	O
抗體存在	B 抗體	A 抗體	無	A 與 B 抗體
抗原存在	A 抗原	B 抗原	A 與 B 抗原	無

▲ ABO 血型的紅血球表面抗原與血漿抗體。（圖片來源：維基共享資源公有領域。）

而O型血液則是紅血球表面沒有抗原，但在血漿中有抗A和抗B兩種抗體；AB型血液的紅血球表面有A抗原和B抗原，但是血漿中沒有抗體。

輸血最好找血型相同的人，但是遇到緊急情況，就算血型不同也可以輸血。這時就要看抗原和抗體的組合。

AB型的人血漿中沒有抗體，可以接受所有血型的輸血；而O型血液的紅血球表面沒有抗原，任何血型的人都可接受O型血（但O型的人，只能接受O型血）。

血型似乎一輩子都不會改變。但其實在特定條件下，血型確實有可能改變，例如「造血幹細胞移植」。

54 complement system，血清內一系列的蛋白質合稱，為先天免疫系統一部分，可促使吞噬性白血球殺死細菌、促進病原體死亡等。

造血幹細胞移植常用於治療白血病、惡性淋巴瘤等造血器官的惡性腫瘤。移植最重要的關鍵，就是人類白血球抗原（ＨＬＡ）。原則上，ＨＬＡ一定要完全一致才可以進行移植，否則就會引發嚴重的移植物對抗宿主疾病（Graft-versus-host disease，簡稱ＧｖＨＤ）。

捐贈者的造血幹細胞如果順利與患者相容，就會由捐贈者的造血幹細胞造血。因此，若患者與捐贈者的血型不同，移植成功後，患者的血型就會變成捐贈者的血型。

血液感染的恐怖現象

前面提到血液的結構和治療歷史，接下來則要介紹因交換血液而引發的恐怖現象。

首先是輸血感染。日本直到一九六四年導入捐血制度之前，賣血活動非常猖獗（按：臺灣則在一九七四年捐血運動協會成立後，逐漸邁向無償捐血時代）。**過去對血品的處理和檢查不夠完善，導致許多接受輸血的患者都感染肝炎或其他疾病**。只因一次輸血，就換來長期痛苦。

而隨著疾病篩檢的發展，目前輸血感染的案例已經大幅減少。

此外，發生在日本一九八〇至一九九〇年代的「藥害愛滋事件」，曾經鬧得沸沸揚揚。前面提到，血友病患者非常需要凝血因子製劑，不論是日常生活中補充，或是遇到緊急狀況時施打。而該起事件的起源，是製劑原料中含有ＨＩＶ病毒（人類免疫缺乏病毒，又稱愛滋病毒），結果導致三〇％使用製劑的血友病患者因此罹患愛滋病。厚生勞動省和製藥企業明知道血液製劑的危險性，卻還是繼續販售，才會造成這麼多人受害。

這些都是新興的醫療行為「輸血」所引發的事件。為了避免這種悲劇再度發生，現在都會對捐血者進行各種檢查。

不過，血液感染也不是只有輸血才會引起，注射器也有高風險。

日本曾經因為重複使用注射器，而引發病毒感染，導致肝炎大流行。病毒非常微小而且難纏，光是擦拭和稍微消毒針頭，根本無法預防感染。因注射器而感染疾病的機率其實不低，若用到被汙染的針頭，可能讓人後悔莫及[55]。

此外還必須注意的是刺青（紋眉、霧眉等也屬於刺青的一種）。刺青是用刺針或刀具，把墨汁刺入皮膚寫字作畫，之後形成半永久的圖案。

刺青時若重複使用刺針，假設前面的客人身上帶有肝炎病毒，接在他之後刺青的人就會感染肝炎，最糟的情況還可能導致肝細胞癌。若有其他會藉由血液感染的疾病，後面刺青的人也可能因此感染。

此外，刺青是將顏料刺入皮膚，也可能導致皮膚過敏或感染反應。

55 另外還有醫護人員常見的針扎感染（受針頭或銳物扎傷而感染病毒），其機率依疾病而有不同，例如Ｂ型肝炎的針扎感染率為六％至三〇％，Ｃ型肝炎針扎感染率約六％，愛滋病毒針扎感染率約〇．三％。

番外篇

身上有胎記，就有特殊能力？

許多傳說或故事中的主人公，身上都有特殊的「胎記」，而且這種胎記代代相傳，可以發揮魔力或妖術等能力。但是，胎記真的可以世代相傳嗎？

其實，天生的胎記有很多種。胎記的產生，主要是因為皮膚產生的異常增生組織，其顏色與形狀異於正常皮膚。這種情況並不稀奇。不過，胎記作為性狀遺傳給下一代的可能性很低，所以祖先的胎記不太可能遺傳給子孫。

所謂的胎記，其實是只限於一代的命運。

至於胎記的顏色，會隨著形成的原因而有所不同。微血管和小靜脈的部分異常，會形成紅色胎記；黑色素沉澱在皮膚內側，會形成看起來藍綠色的胎記；皮膚表面的黑色素增生，則會形成黑色胎記。

此外，也有人會在自己皮膚上製造記號。

拔罐，是古埃及和中國古代都會實施的傳統替代療法。顧名思義，拔罐就是把拔罐杯或是拔罐吸引器吸附在局部皮膚上，抽光空氣幾分鐘過後再拔除。

許多運動選手都很愛拔罐，例如著名的美國游泳選手麥可・菲爾普斯（Michael Phelps）。二〇一六年的里約熱內盧（Rio de Janeiro）奧運會尤其興起一陣拔罐風氣。

有些人認為，拔罐有助於排毒和促進血液循環。不過，除了中國自古以來已有許多紀錄之外，大部分國家對於拔罐的相關研究並不多。

北京大學的研究人員，研究拔罐對急、慢性疼痛的效果以及相關安全性，發現與完全沒治療相比，「或許」可以減輕短期疼痛。而且他們研究的拔罐療法，有七〇％是種類不同的拔罐療法，因此很難說究竟哪些有效、有效的程度又是多少。覺得疼痛減輕，或許一部分是出於安慰劑效果。有關拔罐的療效，只能說目前看來可信度仍不高。

9 性格大變，是被神靈附身？

大腦可說是人體最深奧的器官，被頭蓋骨嚴密的守護著，長年都蒙上神祕的面紗。許多人類的疾病，都是源於大腦功能異常。

不過，隨著醫療發展，大腦之謎陸續被解開。

接下來將以大腦為主題，介紹幾項不可思議的疾病。

紅斑狼瘡，引發妄想或行為失控

人的個性，是不是一生都不太會改變？其實，**世界上存在會改變人性格的**

疾病。

說到這類疾病，不得不提到「全身性紅斑狼瘡」。

全身性紅斑狼瘡是一種自體免疫疾病，患者絕大多數都是女性，好發於十五至四十五歲之間（按：統計數據指出，適婚年齡女性的病例數，約為男性的九倍）。

一旦發病，除了發燒、倦怠和食慾不振等較主要的症狀外，還可能出現關節炎、皮疹、日光過敏、口腔炎和掉髮，身體的各個部位都會出狀況。

尤其要小心中樞神經系統的症狀，可能會引發憂鬱、妄想等精神症狀，或是偏頭痛、癲癇和痙攣。而當症狀嚴重時，病患可能會行為失控，顯現出與平時判若兩人的性格。

造成這種疾病發作的原因，可能與激素、環境因子、遺傳等有關，其他潛在危險因子包括紫外線照射、感染感冒病毒，或是受傷、外科手術和懷孕生產等情況。

幸好現在醫學發達，當人體產生過剩的免疫反應時，可以用類固醇和免疫抑制劑壓制。

另外要介紹的是麻疹。麻疹是兒童的常見疾病，症狀為發熱、咳嗽、鼻炎、出疹子等。若是普通的麻疹不需要太過擔心，但如果病毒突變，持續感染大腦，就很可能引發亞急性硬化性全腦炎（Subacute sclerosing panencephalitis，簡稱SSPE）。

該疾病非常罕見，一旦染上就會很嚴重。患者罹患麻疹後，經過長時間的潛伏期（按：感染後可能經七至十一年潛伏期才會發病），會開始出現智力降低和

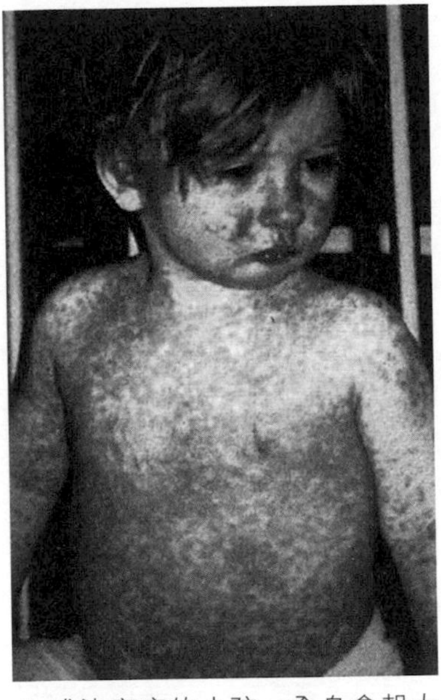

▲ 感染麻疹的小孩，全身會起大範圍的紅疹。（圖片來源：維基共享資源公有領域。）

性格改變的症狀。隨著患者的大腦功能逐漸退化，嚴重時會形成高度的認知障礙症，甚至變成植物人，是可能致死的神經系統疾病。

在免疫力低下的狀態罹患麻疹，就會提升罹病風險。這種罕見疾病通常好發於學齡兒童。

而現代由於廣泛接種麻疹疫苗，降低了兒童罹患SSPE的風險。此外，疫苗不只可以降低染病風險，還可以減少併發症發生。

經歷事故會改變人的性格

原本個性溫厚的人，卻因為一場交通事故性格不變。你聽過這種事嗎？交通事故的衝擊和心理創傷，竟會導致性格改變嗎？

其實，這種情況是有原因的，病名就是「高次腦機能障礙」。因為事故導致頭部外傷、腦中風、腦出血和缺氧性腦損傷，進一步影響到大腦的高層次認知機能，讓維持日常生活的各種功能出現障礙。

這類的障礙有非常多種，這裡僅介紹兩種特殊症狀。

首先是「半側空間忽略症」（Hemispatial neglect）。這個病名聽起來很不可思議。由於患者一側的大腦半球受損，導致身體另一側的視覺、聽覺等感覺缺失，大腦無法感知和處理該側感官信號[56]。

簡單來說，如果把你看見的世界分成左和右，那就是世界的一半都消失不見，無法意識到另一半的空間。罹患這種疾病的人，他們的世界中不存在左半邊或是右半邊。

打個比方，要求患者畫風景時，他只能確實畫出視野右側（或是左側）的風景。此外，如果患者看不到的那一側地面出現高低落差，他就會因無法察覺

56 人的左腦控制右半身知覺，右腦則控制左半身知覺。

而跌倒。

而且，這種疾病與視覺障礙不同，就算病患移動視線也無法掌握整體情況，對日常生活造成極大困擾。

第二種則是「面部識別能力缺乏症」（prosopagnosia），又稱「臉盲症」，也就是記不住別人的樣貌。

患者即使看到家人、朋友和熟識的人，也認不得對方是誰。但如果大腦的其他功能正常，仍可以透過聲音、體格或穿著等臉部以外的特徵來辨識。

罹患面部識別能力缺乏症的人，經常被責怪「竟然會忘記人的長相」。其實，這是由於大腦中掌管視覺的枕葉和顳葉之間的組織受損所致。

這些病症都是視覺障礙，需要花時間才能讓別人理解。由於這些障礙會直接影響患者的日常生活，若我們身邊有人罹患這類疾病，應該給予適當的關心和協助。**經歷事故的人，並不是受事故刺激而引發性格改變，而是腦部功能受損導致。**

失智症的成因

日本邁入超高齡社會[57]，最迫切面對的課題就是「失智症」。日常生活中，我們很常聽到阿茲海默症[58]一詞。不過，造成失智症的原因不只是阿茲海默症，其他外部因素也可能導致失智症。

例如大腦組織受到擠壓，造成顱內壓升高，因而影響大腦功能。原因可能是腦脊髓液增加，或是血腫、腦瘤壓迫到正常組織等。

一般而言，只要實施外科清除手術，就可以改善認知功能。而如果是起因

57 指六十五歲以上老年人口，占總人口比例二〇%以上。內政部預估，臺灣將在二〇二五年邁入超高齡社會。

58 Alzheimer's disease，是一種發病進程緩慢、隨時間不斷惡化的神經退化性疾病，占失智症中六〇%至七〇%的成因。

於腦積水，只要透過引流把水排出即可。

此外，維生素不足也會導致認知功能障礙，缺乏維生素B12和葉酸影響尤其大，原因多為酒精成癮和偏食。高齡者尤其得特別注意，可能會出現記憶障礙和精神症狀。

近年也有報告指出，缺乏維生素D可能引發認知功能障礙。

安徒生〈紅舞鞋〉，跳舞到死的詛咒

〈紅舞鞋〉（*The Red Shoes*）是著名的童話故事，作者是家喻戶曉的丹麥作家漢斯・安徒生（Hans Andersen）。

以下先簡單描述這則故事。

女主角凱倫（Karen）出身貧窮，母親死後，她被一個富裕的老太太領養，過著幸福的日子。某次，凱倫到教會做禮拜，卻打破規則穿著紅鞋子前往，因此被老太太警告。後來，凱倫反抗老太太，擅自穿著紅鞋去參加舞會。

沒想到這時，凱倫的腳竟然自己動起來，不聽使喚的跳起舞。無論她多麼想停下，也只能一直跳。凱倫根本無法脫下鞋子——原來她中了跳舞到死的詛咒！

最後，凱倫跳到了劊子手家門前，拜託劊子手幫助她。於是，劊子手砍去了她的雙腳，並給她一雙木腳和

▲ 1913年出版《安徒生童話故事》（*Hans Andersen's fairy tales*）中的〈紅舞鞋〉插畫，英國插畫家威廉．羅賓遜（William Robinson）繪製。（圖片來源：維基共享資源公有領域。）

拐杖。而那雙紅鞋，依然在跳舞……。

這真是兒童不宜的驚悚故事！

跳舞是人類很常見的活動，但如果不是出於人自願的話，會是什麼狀況？

例如罹患「亨丁頓舞蹈症」（Huntington's Disease）。一八七二年，美國醫師喬治．亨丁頓（George Huntington）最早發現這種舞蹈症。亨丁頓舞蹈症發病年齡大多在二十至六十歲，而約有八％是二十歲前發病 59。

患者會得亨丁頓舞蹈症，是由於突變基因讓體內的亨丁頓蛋白異常，變異亨丁頓蛋白帶有過長的聚麩醯胺酸鏈（polyglutamine）堆積在腦部，使神經元遭受破壞。腦內紋狀體 60 的變化，顯示大腦的神經傳導物質多巴胺分泌異常，但是詳細機制目前還不清楚。

多巴胺負責讓基底核 61 正常運作，而基底核具有調節功能，能夠讓身體正常活動。人一旦罹患亨丁頓舞蹈症，動作就會變遲緩，肢體也會出現不協調的表現。

在發病初期，患者的臉部、軀幹和四肢等部位都會不自主亂動，隨著發病時間越長，動作會越來越明顯。**如果症狀持續惡化，患者就會像提線木偶一樣輕跳著走路。**

這就是舞蹈症[62]。由於手腳會不自主亂動，導致患者承受很多壓力，生活品質也跟著降低。

除了走路會出現症狀之外，還可以從患者的表情變化、手腳的特殊擺動，以及異常眨眼看出端倪。這個疾病最後會造成全身性影響，就連日常生活的動作（走路和吃飯）都很難做到。

---

59 關於其罹病率統計，西歐每十萬人中約三至七人，亞洲則是每十萬人中〇．一至〇．三八人。
60 striatum，具有調節肌肉張力、協調複雜運動的功能，需依賴多巴胺才能正常工作。
61 basal ganglia，大腦深部一系列神經核團組成的功能整體，主要功能為控制自主運動、整合調節細緻的意識活動和運動反應。
62 chorea，不自主運動障礙，包括遺傳性疾病亨丁頓舞蹈症，以及後天腦血管疾病造成的舞蹈症。

亨丁頓舞蹈症患者會出現記憶力衰退、認知功能下降的情況，情緒也難以控制。多數患者會出現憂鬱症狀。雖然症狀因人而異，但是隨著患者病情惡化，就會需要旁人輔助。

亨丁頓舞蹈症是遺傳性疾病，雙親有一方罹病，遺傳給孩子的機率約五〇%。至今還沒找到治本的方法。

不過，部分藥物有助於緩和亂動和興奮症狀，例如抗精神病藥和多巴胺抑制劑。隨著科學更加進步，應該有望提升患者的生活品質。

此外，舞蹈症還有其他類型。比方說，發生在產婦的妊娠舞蹈病（Chorea gravidarum）；棘狀紅血球增多症引發的舞蹈症；病毒引發的腦炎、結核和梅毒等傳染病導致的舞蹈症等。

我們應該正確理解疾病。疾病不是詛咒，可以透過科學加以說明和治療。隨著日後醫療發展，找到這些疾病的治療法指日可待。

番外篇

你的腦，會影響你的腸道

你曾經因為壓力大而肚子痛嗎？

大腦與腸道之間，透過神經系統和內分泌系統緊密連結，這種關聯稱作「腦腸互動」。

不過，大腦與腸道究竟是如何互動？

消化道的資訊，會透過神經系統傳達到大腦，接著觸發肚子痛和不舒服等反應。程度嚴重的話，甚至會引起抑鬱和不安。

這些情緒變化透過內分泌系統和神經系統，再被傳達到消化道，經由這種模式達到腦腸互動。

舉個例子，壓力造成的大腸激躁症（rritable bowel syndrome，又稱腸躁症），是因為壓力造成自律神經失調，導致腸道蠕動異常。而當消化道黏膜接收刺激，這個訊號就會透過迷走神經和脊髓神經，傳達到大腦。這就是「內臟知覺」。

此外，近年來腸道菌群與中樞神經系統間的關聯，也備受矚目，許多研究顯示腸道內的菌相失調，跟神經系統疾病的嚴重程度具有相關性。

有此一說：「腸道是第二個大腦。」聽起來像科幻電影，但其實每個人體內的腸道菌群大不相同，甚至還有「腸道菌群決定個人性格」的說法。

最新研究還發現，有發展障礙的兒童，其腸道菌群的類型與普通人不同。不過，也有一派說法認為這是受到偏食傾向影響。

番外篇
自殘，可能不只是精神問題

接下來要說明會引發自殘行為的「萊希尼亨症候群」（Lesch-Nyhan syndrome）。

這種疾病是X染色體上HPRT1基因發生突變，導致體內缺乏「次黃嘌呤－鳥嘌呤磷酸核苷轉移酶」（HGPRT）。一旦罹病，體內會大量合成尿酸，使尿酸比例過高，導致高尿酸血症和痛風等症狀。

由於這種疾病是X染色體隱性遺傳疾病，因此發病者多為男性，女性患者極少。發病機率約為每十萬至三十八萬的新生兒中，會出現一例。

患者從嬰兒期開始出現發展遲緩的現象，後來明顯出現運動發展遲緩。兩歲左右則開始出現自殘行為，例如啃咬自己的嘴唇和手指。

除此之外，患者也可能出現智能障礙的情形。

目前對神經行為沒有治療方法，以症狀治療為主，抗癲癇藥物和精神藥物可以有效減少病患的自殘行為。此外，也會讓患者戴上橡皮口塞防止咬傷自己，以及穿戴限制他們手部行動的道具。

同時，針對高尿酸血症治療，就可以預防腎功能惡化和痛風性關節炎。為了預防腎結石和泌尿道感染，病患必須攝取足夠水分。

自殘行為，往往會讓人以為是壓力過大等精神方面的問題，其實也可能是罹患特殊疾病的症狀之一。

10 與看不見的敵人作戰

「最恐怖的事物，就是看不到的事物。」相信有許多人會同意這個說法。那麼，在真正認識疾病之前，人們都是怎麼看待疾病的？

其實，一直到近代，人類才了解「疾病」的真相。正確來說，人們一直都知道有疾病這回事，但直到十九世紀後半，才知道疾病的原因是出在微生物。

都是「瘴氣」害的

歐洲在黑死病（鼠疫桿菌引發的傳染病）大流行時，民眾的理解與真實相差甚遠。傳染病大爆發的原因，當時出現各種說法，但幾乎都充斥著宗教和迷信：占星術、體液失衡、有毒氣體……這些原因現在聽起來匪夷所思，但當時的人深信不疑。

在人們發現病毒和細菌之前，有兩種說法勉強稱得上有科學根據。

第一種是「瘴氣論」。

所謂「瘴氣」，就是不乾淨的空氣。瘴氣一旦透過呼吸和接觸進入人體，就會致病。而大規模的傳染病，原因就是瘴氣蔓延。

第二種說法是「接觸傳染」。

當患者與健康者接觸時，會傳遞某種物質，因此造成疾病蔓延，這就是「接觸傳染論」。對照我們目前所知的傳染病原因，這種說法其實已經很接近事實了！

當時，認為傳遞疾病的是一種叫做「觸染物」（contagium）的物質。不過，**接觸傳染論可以解釋部分傳染病，卻仍無法說明為什麼相距遙遠的兩個地**

方，會發生相同疾病。

以上這兩種說法雖然沒有足夠的科學根據，但至少已揮別了占卜和神話。

基於當時對疾病的認知，為了防止傳染擴大，**人們採取的是保持通風和避免接觸等對策，其實與現代預防傳染的方法頗有共通之處。**

不過，這些方法對某種疾病卻毫無作用，那就是霍亂（Cholera，一種急性細菌性腸道傳染病）。人只要吃到受

▲ 藝術作品中的霍亂形象。19 世紀時，霍亂是最可怕的傳染病之一。（圖片來源：維基共享資源公有領域。）

霍亂弧菌汙染的水和食物，就會感染霍亂。不過，當時的人根本不知道真相。

一八四〇年代，倫敦爆發霍亂，人們也以為是瘴氣所致。因此，霍亂流行地區的廢水，還是照樣排放到泰晤士河（River Thames）。

原以為等到沒有瘴氣時，就能告別霍亂，沒想到罹患霍亂的人數反而急速暴增！

這時，出現一位名叫約翰．斯諾（John Snow）的醫師拯救了大家——他發現**問題不是出在瘴氣，而是「水」**。他詳細調查流行地區、患者，以及居民的生活習慣，推測是水出了問題，最後把井封掉。在那之後患者便遽減，霍亂因此平息。

在發現霍亂弧菌之前，斯諾就戰勝了霍亂，他是關注公共衛生的先驅者（按：斯諾因此被譽為「現代流行病學之父」）。如果沒有斯諾，我們如何有今日的醫療安全？

有句名言說：「**傳染病是公共衛生之母。**」霍亂事件引發人們對公共衛生的重視，至今仍為眾人津津樂道。

瘟疫是神引發的異象

自古以來一直有「瘟神」的說法。從古至今，人們都畏懼瘟疫，認為瘟疫是「神引發的異象」。

日本在奈良時代曾經爆發天花（Smallpox）流行。尤其在七三七年，天花流行導致藤原四兄弟[63]染病去世，造成政治極大動盪。

而根據後世出土的符咒和人偶推測，當時的人可能是把人偶當成替身，希望將穢氣和病氣轉移到人偶之上，祈求自己免於疾病之苦。

63 七二九至七三七年間把持日本朝廷政治，後被稱為「藤原四子政權」。

此外，古代的日本流行用人面墨書土器舉行祭祀：在畫有人臉的土器吹口氣，然後把它放水流。這種祭祀方式多以庶民為中心。

根據出土的遺物，奈良時代的人無論身分為何，都希望戰勝瘟疫。

▲1980年，世界衛生組織（WHO）宣讀天花已在全球絕跡的決議案。（圖片來源：維基共享資源公有領域。）

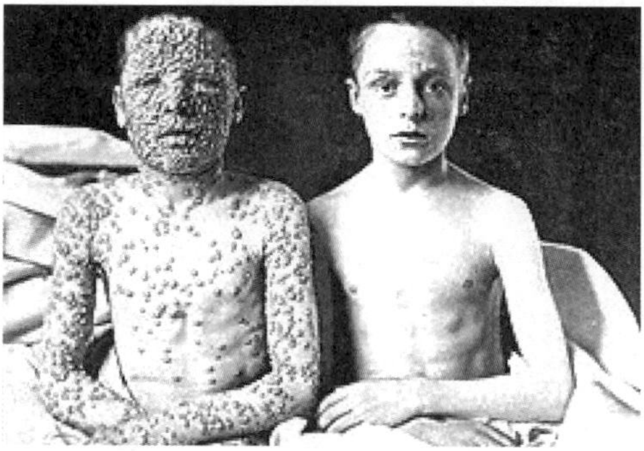

▲英國醫生艾倫·華納（Allan Warner）拍下的兩位天花病患，出自1901年《臨床醫學、外科和病理學圖集》（*An Atlas of Illustrations of Clinical Medicine, Surgery and Pathology*）。照片中兩位男孩都為13歲，且在同一天感染天花，右邊的男孩曾在嬰兒時期接種過疫苗，左邊的男孩則未接種過疫苗。（圖片來源：維基共享資源公有領域。）

▲ 源為朝（平安時代後期的武將，是著名的弓箭高手）退治疱瘡神，浮世繪畫師月岡芳年繪製。（圖片來源：維基共享資源公有領域。）

▲ 伊達政宗畫像，從畫像中可看出他獨眼的特徵。（圖片來源：維基共享資源公有領域。）

而到了江戶時代也多次爆發天花，許多重要人物都得過天花64。當時，甚至把天花擬人化成疱瘡神。民眾會祭祀疱瘡神，希望藉此逃過感染。傳說疱瘡神討厭紅色物品，因此有些父母會為孩子穿上紅色和服。

由此可知，天花為日本文化帶來許多影響。

而**天花是目前唯一被人類根絕的傳染病**。

與天花一樣，淋巴絲蟲病（lymphatic filariasis）也是會造成外觀大改變的疾病。一旦血絲蟲（filariae）這類微小的寄生蟲侵入人體，就會造成病患身上大面積的皮膚增厚，看起來就像大象皮膚，所以也稱「象皮病」（elephantiasis）。在日本，過去九州曾經出現淋巴絲蟲病例，但現在幾乎已經不見蹤跡（按：臺灣過去也有淋巴絲蟲病例，但自一九五八年起執行長期防治計畫後逐漸減少，目前已無病例）。

在醫療不發達的地區，淋巴絲蟲病這類地方傳染病，尤其容易造成當地人的誤解。**人們不認為這是疾病，而是詛咒和天罰，所以會隔離和孤立患者**。至今在地球某處，很可能還存在著這樣的悲劇。

疾病不是詛咒，而是科學可以處理的事。如果對疾病沒有正確認知，就會

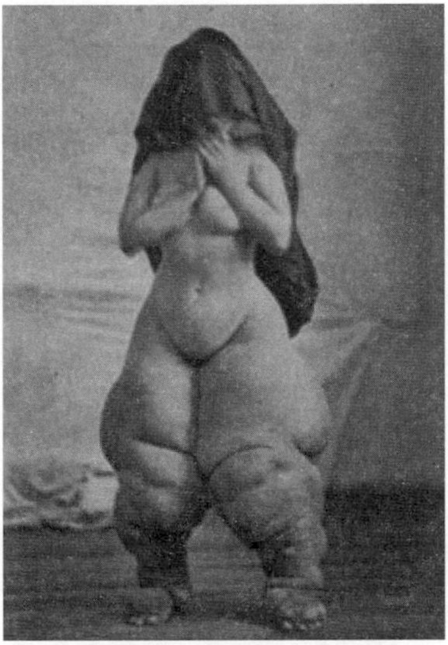

▲19世紀美國攝影師奧斯卡·梅森（Oscar G. Mason）拍攝的象皮病患者，出自美國皮膚科醫師喬治·亨利·福克斯（George Henry Fox）於1880年出版的《皮膚病攝影圖集》（*Photographic Illustrations of Skin Diseases*）。（圖片來源：維基共享資源公有領域。）

64 例如江戶時代仙台藩始祖伊達正宗，即因幼年感染天花而右眼失明，後人因而稱其為「獨眼龍」。

造成不當歧視。透過適當的教育，建立及早就醫和服藥的習慣，才能創造更健康的世界。

尤其是非洲地區，因為患者少、得不到大規模治療的疾病，就被稱作「被忽視的熱帶疾病」（Neglected Tropical Diseases，簡稱NTDs）。淋巴絲蟲病就是其中一種。

實際上，撲滅NTDs也有助於經濟發展。因此，減少NTDs應是全世界共同的目標。

沒有黑死病，就沒有今天的歐洲

文明發展與傳染病流行其實互為表裡，這點從新冠肺炎肆虐就可以了解。正是因為社會進化，才會引發疫情大爆發。由歷史來看，社會發展與傳染病也一直處於相互影響的關係。

梅毒（Syphilis）曾經是加勒比海的地方疾病。而在著名航海家克里斯多福・哥倫布（Cristoforo Colombo）登陸美洲後，把梅毒帶回歐洲，從此演變成世界性恐怖疾病[65]。

發現新大陸的豐功偉業，背後的代價卻是無數的犧牲者，喜悅也蒙上一層陰影。

不過，鼠疫桿菌肆虐歐洲各地，也意外

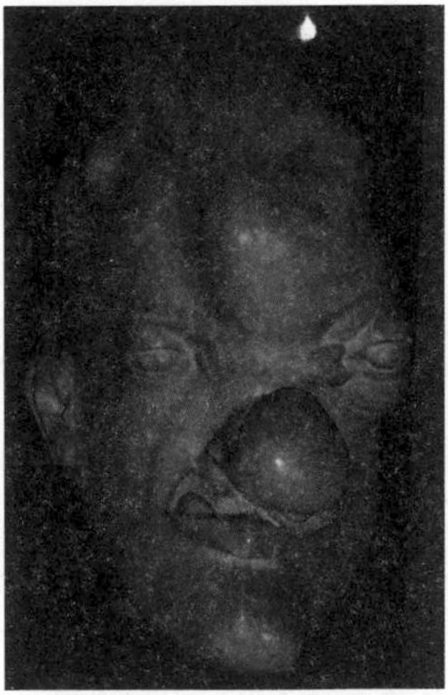

▲罹患第三期梅毒（梅毒瘤）的病患塑像。法國人類博物館（Musée de l'Homme）館藏。（圖片來源：維基共享資源公有領域。）

65 此說法稱為「哥倫布假說」。另有一個「前哥倫布假說」則是說歐洲本來就有梅毒，一直沒被發現，而在哥倫布回到歐洲後才正式被發現。

的促進文化發展。尤其在十四世紀，黑死病遍及歐洲全境，造成當時歐洲三分之一人口死亡。如果想知道當時的歐洲社會有多恐懼黑死病，可以從義大利作家喬凡尼·薄伽丘（Giovanni Boccaccio）的寫實短篇小說集《十日談》（*Decameron*）中窺見66。

而說到黑死病對文化界的影響，還有上阿瑪高（Oberammergau，德國南部的小鎮）的耶穌受難劇（Passion Play）。這裡每隔十年一次演出世界最大規模的「耶穌受難劇」，當地的居民會全體總動員。

中世紀黑死病肆虐時，此地居民祈求神保佑他們免受瘟疫的威脅，並允諾以後每隔十年就會演出耶穌受難劇，以示感恩。後來，疫情漸漸平息，居民認為是受到神的庇護。為了表示對神的感謝，他們持續演出這齣戲，至今已經持續四個世紀。

「沒有黑死病，就沒有今天的歐洲。」這句話顯示黑死病為歐洲帶來多大的影響。勞力減少、遷徙、喪失家人的悲傷等，引發的問題多不勝數。

但是，歐洲並沒有被打倒。隨著人口持續增加，以義大利為中心引發了文藝復興，最後恢復繁榮。整個歐洲的社會型態大為轉變，從此邁向近代化。

66 此書描述七位女性與三位男性，到佛羅倫斯（Firenze）郊外的別墅躲避瘟疫，每天講故事度日，最後合計講了一百個故事。

番外篇

濫用笑氣，讓人缺氧而死

有一種麻醉藥，被稱作「笑氣」（即一氧化二氮或氧化亞氮〔Nitrous oxide〕），名字很有趣對吧？當人吸入笑氣，會有麻醉感、情緒興奮等感受，因而得名。

一氧化二氮，最早由英國化學家約瑟夫・普利斯特里（Joseph Priestley）合成，而化學家漢弗萊・戴維（Humphry Davy）發現這種氣體能讓病人喪失痛覺，具有麻醉效果。

在現代，治療牙齒和分娩時，笑氣常被用來減輕不安和疼痛。不過，近年許多地方都出現大肆濫用笑氣的情形，長期使用可能導致人心智混亂、肢體麻痺、出現幻覺、失憶、憂鬱等問題，目前被納入管制藥品（按：臺灣於二〇二〇年十月將笑氣列為「關注化學物質」，若業者未依規定申請許可或申報，或在網路平臺販售，最高處新臺幣三十萬元罰鍰）。

番外篇 誤以為是流感病源的「流感嗜血桿菌」

再談一個與名字有關的話題。

有一種細菌，叫做「流感嗜血桿菌」。如果你對「流感」與「菌」並列感到疑惑，代表你真的很有常識！因為流感這種傳染病，是起因於「病毒」，而不是「細菌」。

流感是病毒引起的傳染病，為什麼會扯上細菌？

細菌與病毒是完全不同的物質，最大的差別在於「能否獨自存活」。

基本上，細菌是與人類較為相似的生物，不需要仰賴人體也可以生存。反之，病毒則不能獨立生存，必須入侵細胞，利用宿主不斷繁殖。嚴格來說，病毒並不是生物。

過去，人們還不了解引發流感的原因時，誤以為是「流感嗜血桿菌」致病，這個細菌才因此得名。如果流感嗜血桿菌知道這件事，應該也覺得有點困擾吧！但是，以前的人會搞錯也不奇怪[67]。因為流感嗜血桿菌，的確是感染流感「後」引發肺炎的原因。

流感病毒本身很少引發肺炎，但是會造成呼吸道黏膜受損，使病原體趁虛而入。

呼吸道黏膜具有纖毛構造，可以把進入呼吸道的病原體往外推，還會分泌黏液和抗菌物質，以抵抗病原體入侵。不過，流感病毒卻會破壞這種保護功能。流感之後引發的肺炎是細菌性肺炎，稱作續發性細菌性肺炎。

引發肺炎的病原體主要是肺炎鏈球菌，但流感嗜血桿菌也很容易引發肺炎。基於這種理由，流感患者體內的流感嗜血桿菌，才會被誤以為是引發流感的致病原。不過，即使後來弄清楚流感真正的致病原，還是保留了流感嗜血桿菌的名稱。

流感嗜血桿菌雖然不是引發流感的犯人，但它還是一種病原體。這種細菌平常就喜歡待在鼻腔等呼吸道。即使是健康的人，鼻腔內也存在一定數量的流感嗜血桿菌。

至於會引發哪種疾病，要看流感嗜血桿菌的類型而定。比較溫和的菌會引發小兒中耳炎、鼻竇炎、支氣管炎和肺炎等呼吸道感染症。症狀嚴重的話，也可能演變成危險的菌血症和髓膜炎，真的不可不慎！

67 一九三三年，英國病毒學家派翠克・雷德羅（Patrick Laidlaw）從人體分離出流感病毒，才消除這個誤解。

11 睡美人的詛咒

睡眠，對人來說不可或缺。

以下要講的是有關失眠的疾病、一直昏睡的疾病，還有睡覺時呼吸變淺、甚至中止的症狀。

你應該也有過這樣的經驗：躺在床上很長一段時間，卻還是神智清醒，頭腦轉個不停……。

如果長期處於這樣的失眠狀態，人會變得怎樣？

睡太少、睡不停，都致命

實際上真的存在這種疾病，病名是致死性家族失眠症（Fatal familial insomnia，簡稱FFI）。「失眠症」會「致死」，這個病名聽起來讓人覺得很恐怖。

這種病是因為大腦累積異常的普恩蛋白，使感覺的中繼點、負責蒐集嗅覺以外所有感覺資訊的「視丘」受損，才會出現症狀。與先前提到的「庫魯病」一樣，起因於異常的普恩蛋白。

致死性家族失眠症的症狀不只失眠而已，還可能引發幻覺、恐慌發作和記憶力降低。視丘一旦受損，也會影響自律神經，使人出現心跳加快、出汗和體溫上升等情況。

患者發病一年左右就會失去意識，變得麻木或陷入昏迷，且將保持這個狀態直到死亡。

雖然病名中出現「家族」二字，但並不是每位病患的所有家族成員都會罹患此病。

這種疾病至今沒有治療方法，還需要更進一步研究。

另一方面，有些疾病則會讓人一直昏睡。也就是非洲人類錐蟲病（African Trypanosomiasis，也稱昏睡病）。

昏睡病是由錐蟲感染引起，主要發生在非洲撒哈拉沙漠以南的區域（如烏干達〔Uganda〕、中非〔Central African〕和安哥拉〔Angola〕等地）。感染原蟲的采采蠅（Tsetse fly，別稱「嗤嗤蠅」）是傳播媒介。

這種疾病的潛伏期是一至三週，首先會出現發燒、頭痛和肌肉痠痛等症狀。一旦傷及中樞神經，患者的睡眠週期就開始紊亂，時而伴隨劇烈頭痛。隨著受損加重，患者就會陷入昏睡狀態。

昏睡病的早期治療非常重要，但是由於初期診斷困難，部分區域仍有很多人死於此病。

目前僅能投以抗錐蟲藥物治療，沒有預防發病的疫苗。而預防昏睡病的重點，就是避免被采采蠅叮咬。采采蠅會被藍色、黑色等暗沉色系吸引，如果不想染上昏睡病，建議穿著選擇大地色系和厚一點的衣物。

奧汀的詛咒

還有一種與睡眠有關的疾病，叫做「奧汀的詛咒」（Ondine's curse）。聽起來根本不像是一個疾病的名字。

這個名稱源於德國的一則傳說。很久以前，水精靈奧汀在湖邊邂逅一位名為勞倫斯（Lawrence）的年輕男子。兩人陷入愛河，接著步入婚姻。

勞倫斯向奧汀發誓，在他醒著的每時每刻，一定都會愛著奧汀。但最後勞倫斯卻打破誓言，背叛了奧汀！

奧汀極度憤怒，便對勞倫斯下詛咒：「你曾以每一個清醒時的呼吸為誓，向我證明你的忠誠，而我也接受了你的誓言。既然如此，從今而後，**如果你能一直保持清醒，你就能維持正常呼吸；但只要你一墮入睡眠，你的呼吸將會被奪走，而你也必定死亡！」**

▲水精靈奧汀，英國畫家約翰．威廉．瓦特豪斯（John William Waterhouse）繪。（圖片來源：維基共享資源公有領域。）

勞倫斯最後因此喪失生命。

奧汀的詛咒，其實就是「中樞換氣不足症候群」（Central hypoventilation syndrome），原因出在大腦中控制呼吸的區塊受到損傷[68]。

患者在白天清醒時也有輕微的呼吸不順，一旦進入睡眠狀態，呼吸中樞的功能就會下降，甚至導致呼吸停止。

若是罹患先天性中樞換氣不足症候群，通常出生後約一個月就會表現出來，發作時會出現睡眠中呼吸不順或換氣不足的情形，常常**睡著了就「忘了呼吸」**。這種情況要特別防範中樞神經系統的併發症[69]。

---

68 這種疾病的病因有兩類。一類為先天性，通常是基因變異導致；另一類為後天性，是腦部病變或損傷而造成。

69 研究顯示，許多新生兒猝死的個案可能與此疾病相關。新生兒的發生率約為十萬分之一至一萬分之一，可透過基因檢查診斷，並輔以呼吸治療來降低睡夢中猝死的機率。

12 疼痛的幻覺

請試著想像：你因為事故而失去左手，被迫完全只用右手處理生活大小事。一開始可能很辛苦，但隨著適當的訓練，你已逐漸適應沒有左手的不便。但是，在你的生活幾乎回到正軌的某天，原本是左手的部位，竟然出現疼痛感……。

失去的手腳，竟然會痛

已經失去的手或腳出現疼痛感，這種現象叫做「幻肢痛」。而即使手腳仍在，卻因為神經功能異常，莫名其妙覺得疼痛的情況，也可以歸類為幻肢痛的一種。

消除幻肢痛非常困難，目前主要的治療方式是藥物治療（止痛藥），但不是所有的案例都有效。

對於失去手腳的人來說，幻肢痛並不罕見，很多人都曾經歷幻肢痛。由於幻肢痛不是「真實」的疼痛，因此應對更加棘手。

幻肢痛何時發作？有什麼症狀？其實各種情況都有，難有定論。

而至於幻肢痛的原因，說法有很多種。主要原因是**大腦無法正確認知失去手腳的事實，或是神經出現異常**。

目前假設只要重建失去部位的功能，或許就可以減輕疼痛，所以會對患者實施鏡像療法[70]使大腦產生錯覺。不過，這種方法也不是完全有效。

而近年來出現劃時代的新療法，或許很有機會解決幻肢痛。

其中一種方法是運用腦機介面（Brain-Machine interface，簡稱ＢＭＩ）技術的神經義肢。

這裡的BMI，指的不是身體質量指數（Body Mass Index），而是在人或動物大腦與外部裝置之間，建立直接的連接通路，而能讓電腦感知大腦活動的技術。

研究團隊讓患者在腦中活動幻肢，並同時操作義肢，再調查其疼痛感是否出現變化。實驗結果證實，神經義肢能

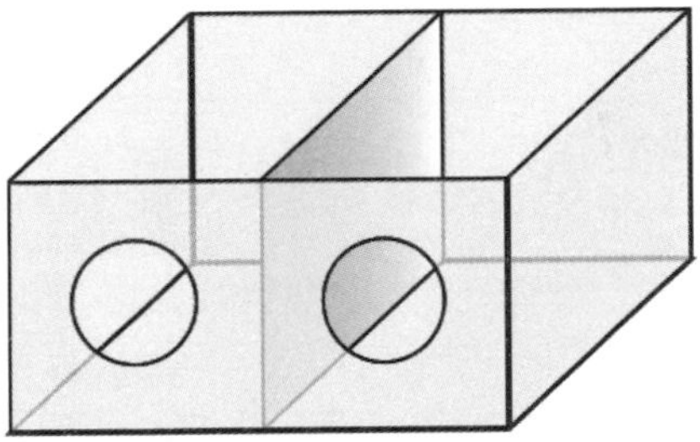

▲鏡像療法中使用的鏡箱（Mirror Box）示意圖。兩個箱子間擺放鏡子，患者將手插入其中一個洞，將「幻肢」插入另一個洞。從某個角度看時，患者大腦中會生成自己有兩隻手的印象。（圖片來源：維基共享資源公有領域。）

70 Mirror therapy，利用鏡子的反射，將正常四肢的信號傳導給大腦，在移動正常肢幹的同時，讓幻肢感覺正常，進而達到放鬆、減輕疼痛的效果。

有效緩和幻肢痛。

除此之外，也有其他研究團隊在研究虛擬實境（virtual reality，簡稱VR）治療法。

這是以鏡像療法為基礎的治療法。以虛擬實境的設備，體驗幻肢按照自己的意志動作，能在復健、治療時減輕患者的疼痛感。

這些減輕幻肢痛的創新療法，未來的發展與成效都十分值得期待。

當患者不再出現幻肢痛，生活品質將得以大大提升。

番外篇
馬凡氏症，彈鋼琴的優勢

尼科羅・帕格尼尼（Niccolò Paganini）是義大利的天才小提琴家和作曲家，謝爾蓋・拉赫曼尼諾夫（Sergéy Rakhmáninov）則是俄國傳奇的鋼琴演奏家。

這兩位演奏家都深受古典樂迷喜愛。

國籍不同、活躍年代也不同的兩人，其實擁有某項共同點，就是他們可能都患有「馬凡氏症」（Marfan syndrome）。

馬凡氏症是一種遺傳性疾病，往往有關節活動度異常和脊椎側彎等問題，病症嚴重則會引發心血管系統異常。由法國小兒科醫師安東尼・馬凡（Antoine Marfan）發現，因此得名。

這種疾病的特徵，是病患體型往往異於常人，不只身形瘦長、手腳長，身高也很高。由於手指細長（蜘蛛指〔Arachnodactyly〕），也有「蜘蛛人症」的別名。

演奏樂器時，手指越長越有利，尤其是彈鋼琴，因為這樣一來能駕馭更廣的音域[71]。此外，馬凡氏症病患的手指通常比一般人靈敏，極有利於他們追求音樂極限。

雖然這些都只是後世推測，無法斷定事實真偽，但如果這兩位音樂家沒有這麼特殊，或許我們就無法邂逅這麼多美妙的樂曲吧！

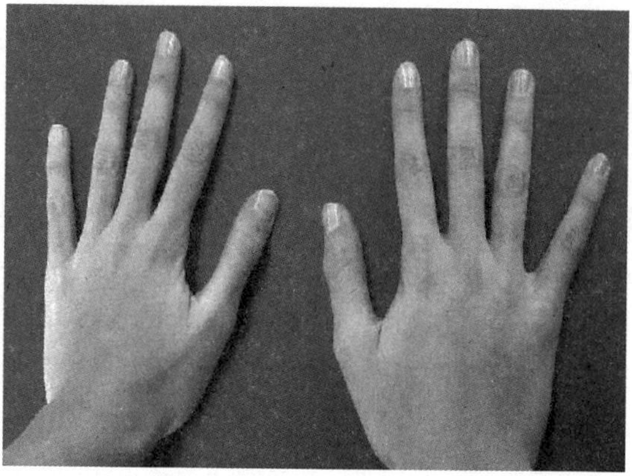

▲指頭過度生長而形成的蜘蛛指。（圖片來源：維基共享資源公有領域。）

此外，也有另一種說法：拉赫曼尼諾夫罹患的可能是肢端肥大症。

但無論如何，細長靈活的手指絕對是音樂家的一大優勢！

71 帕格尼尼的手展開來，可跨過小提琴三個八度音，且拇指後翻可以碰到小指，彷彿沒有關節；而拉赫曼尼諾夫的手，展開能輕易按到跨十二度的鋼琴鍵盤。

▲帕格尼尼演奏小提琴。（圖片來源：維基共享資源公有領域。）

▲拉赫曼尼諾夫，此照片約攝於 1936 年前後。（圖片來源：維基共享資源公有領域。）

第三章 現代與未來的超自然現象

詛咒，早已過時？絕對沒有這回事！
只要人類存在，詛咒仍然會以不同形式威脅著我們。
無論現在或未來，詛咒仍有其魅力和可能性。

13 超自然現象的真真假假

一九七〇年代，日本曾興起一股超自然熱潮。以色列魔術師尤里・蓋勒（Uri Geller）的魔術表演、諾斯特拉達姆斯預言等超自然熱潮延續了十數年。

不過，這些超自然現象都是真的嗎？

從結論來說，這些風靡一時的超能力等超自然現象，幾乎都是騙術！咒術師本身，為了增加咒術的說服力，往往會大量使用戲法。巧妙的戲法與周邊條件互相配合，就可以讓魔術變成超自然現象。

另一方面，以往認定不可能實現的事，在科學持續發展之下，也極有可能成真。

接下來將探討各種超自然現象的可信度，以及再現的可能性。

為什麼預言這麼精準？

提到預言，最經典的就是「諾斯特拉達姆斯預言」。諾斯特拉達姆斯是法國的占星學家，同時也是一名醫師。其著作是史上最多人閱讀的預言書。

諾斯特拉達姆斯這個名字是拉丁語，他原本的法語名字為米歇爾・德・諾特雷達姆（Michel de Nostredame）。

他到底是什麼樣的人物？

諾斯特拉達姆斯經歷過長期的流浪生活（他在自傳中表示是從事消滅瘟疫的工作），投入於草藥研究，之後進入蒙彼利埃大學（Université de Montpellier）醫學院就讀。取得博士學位後，移居到法國南部阿讓（Agen）當醫師。妻子死於瘟疫後，他似乎又流浪了很長一段時間。

後來，他在普羅旺斯地區薩隆（Salon de Provence）再婚，繼續投入醫師工作，以治療黑死病聞名。

他出版的《百詩集》是合計三百五十三篇的預言詩，包含一百篇的四句詩三卷，加上第四卷的部分內容五十三篇。一五五五年，這本書出版後引發廣大迴響，法國國王亨利二世（Henri II）的皇后凱薩琳・德・麥地奇（Catherine de Médicis）馬上邀請諾斯特拉達姆斯進宮。據說，皇后還請諾斯特拉達姆斯占卜王子們的命運。

《百詩集》加上新的預言後，又再度出版[72]。凱薩琳皇后甚至任命諾斯特拉達姆斯為她的兒子、新任國王查理九世（Charles IX）的御醫。

---

72 第二版與第一版同年出版，第三版於一五五七年出版，第四版則於諾斯特拉達姆斯過世後兩年的一五六八年出版。

這本書成功預言後世許多歷史大事，例如法國大革命、阿道夫．希特勒（Adolf Hitler）崛起、飛機及原子彈的發明等。

不過，諾斯特拉達姆斯預言的內文除了法語之外，還混有西班牙語、拉丁語和希伯來語，由於語言理解的困難度，讓這些預言一直存在極大的爭議。

而關於這本預言書，最為人熟知的就是「一九九九年七月人類會滅亡」這句警世預言。在過去曾引發廣大討論，甚至還拍成電影[73]。

而到了驗證預言的一九九九年，有些人真的相信人類會滅亡，所以乾脆不到學校上課。

不過，有關末日的具體年月其實存在爭議。因為諾斯特拉達姆斯預言有很多種解釋。據說，**一開始只是解讀出「一九九九年」，後來不知為何就變成「一九九九年七月人類會滅亡」**。結果，當年天上沒有恐怖大王降臨，人類也沒有滅亡，大家平安無事的活到現在[74]。

雖然人類沒有滅亡，卻仍沒有擺脫諾斯特拉達姆斯的預言。九一一恐怖攻擊事件、日本三一一大地震、川普當選美國總統和俄烏戰爭等事件，都一一應驗。此外，諾斯特拉達姆斯預言中，甚至還預言會爆發「核戰」（第三次世界大戰）。

不過，還是要回到最關鍵的問題：諾斯特拉達姆斯預言到底是否正確？從結論來看，說是可信度非常低也不為過。如同前述所說，**諾斯特拉達姆斯預言有很多種解釋，只是其中一種說法剛好能對應現代事件而已。**

諾斯特拉達姆斯預言為什麼會引發前所未有的熱潮？可能與當時流行超自然現象和超能力熱潮有關。怪誕主題的書籍大量發行，打開電視都在談都市傳

---

73 日本作家五島勉在一九七三年寫下《諾斯特拉達姆斯的大預言》，狂銷兩百五十萬冊，隔年改編為同名特攝電影（使用大量特技效果的真人電影）。

74 關於世界末日的預言詩寫道：「一九九九年七月／為使安哥魯摩亞王復活／恐怖大王將從天而降／這段期間馬爾斯將統治世界」，晦澀難懂且帶有神祕色彩，而讓許多人感到恐懼。

▲ 日本廣島與長崎原子彈爆炸，也被諾斯特拉達姆斯的支持者認為是他成功預言的世界大事之一。（圖片來源：維基共享資源公有領域。）

▲ 諾斯特拉達姆斯的支持者聲稱其預言成功的世界大事，包括 1666 年倫敦大火。這場火燒了 4 天，倫敦有六分之一的建築被燒毀。（圖片來源：維基共享資源公有領域。）

說，因此無論多麼荒謬的假說，只要多數民眾相信，就成為一種真實。諾斯特拉達姆斯預言則為這些超自然現象提供了一種說法。

當一種論點越多人相信，可信度也會跟著提升。在封閉的環境中，意見和信念往往容易走向極端，人們會變得無法接受其他多元思考，而相信這些扭曲的資訊就是全部真相，這就是「迴聲室效應」（Echo Chamber，也稱作同溫層效應）。

對完全不相信的人來說，預言等怪誕現象只是一些匪夷所思的傳言。不過，人類與生俱來的認知模式，會讓我們優先以自己的信念和周圍狀況做判斷（而非客觀現實），這就是「認知偏誤」（Cognitive bias）。人尤其會選擇性的蒐集對自己有利的資訊，並忽略不利資訊，這就叫做「確認偏誤」（Confirmation bias）。

陰謀論會大肆流行，其實也是出於上述原因。

要知道，人類的認知其實非常隨心所欲，並非純粹的理性。害怕「幽靈可能存在」的人，發現昏暗處出現不明物體，就誤以為自己「看到」了幽靈！很怕死的人一旦看到超速的車子，搞不好就以為「對方想要我的命」。

人往往會創造出自己想看的事物。

近年來，越來越多自稱「未來人」的匿名人士，出現在社群媒體上。這種情況也有證據加以反駁。即使未來人猜中近未來的事，情況也還存在不少變數，不能說是正確預言。

沒猜中的預言不勝枚舉。就算有少數預言真的應驗，也多半是曖昧不明，需要擴大解釋才預測中的預言。

但是，人們往往聚焦在預測成功的預言，而自顧自的更加確信未來人的存在。此外，大眾的好奇心也助長了未來人熱潮。

別忘了，社群媒體的紀錄可以刪除和編輯，先做亂槍打鳥的預測（比方說職棒的優勝隊伍），等知道結果再刪除錯誤的預測，就只會留下正確的預測。

隨著文章的電子化，資訊的可信度和妥當性就越來越弱。只要善用退格鍵

（Backspace），任何人都可以隨意發言。因此，瀏覽文章要特別留心，不可完全相信。

折彎湯匙的超能力

你可能看過這樣的特殊表演：明明是鐵製湯匙，卻能像橡膠一樣折彎。折彎湯匙彷彿是超能力的代名詞，許多特異功能者都能做到這件事。

不過，這真的是運用超能力辦到的嗎？

其實只要掌握訣竅，任何人都可以折彎湯匙。你只需要準備一支三十九元商店買的湯匙就好。

折彎湯匙的訣竅，就是利用槓桿原理。仔細觀察湯匙的形狀，掌握好支點、施力點和抗力點的位置關係。接著，只要使出自己最大的力量，狠狠掰彎湯匙！

當然，這不是一朝一夕就可以成功。在眾人面前表演講究演技，為了動作可以一氣呵成，需要充分的練習。

即使你沒有超能力，也可以折彎湯匙！

心靈感應，未來可能實現

能將自己任何想法傳達給別人的心靈感應（telepathy），如果真的可以實現，不僅與外國人溝通會變得容易，甚至還能跨越各種限制，讓別人了解自己的想法。過去，許多超自然場景都少不了心靈感應。

很遺憾，這也是一種騙術。與前面提到的折彎湯匙一樣，只是單純的戲法表演。

應該有人覺得「怎麼可能」吧？一般來說，越簡單的戲法，越是讓人想像不到。而心靈感應，就是彼此事先套好招。超能力者有沒有事先套好招，電視機這一端的觀眾根本就不知道。

「如果是初次見面的人又怎麼說？」你可能會有這個疑問。真的是「初次見面」嗎？彼此有沒有隱密的溝通暗號？周圍有沒有人暗中協助？這些都需要證明。如果沒有逐一證明，就無法確保心靈感應的有效性。

因此，至今為止，尚未出現完全滿足前提條件的心靈感應。

不過，往後在某些條件下，心靈感應極有可能實現！

根據科學雜誌《公共科學圖書館：綜合》發表的實驗，透過網路傳達訊息的方式，可以讓兩個人的大腦直接遠距離聯繫。是不是宛如科幻電影的場景？

而哈佛大學的研究團隊做了相關研究，他們分別在印度和法國安排受驗者，試圖讓彼此的大腦互傳訊息，結果真的成功了！這是首次以非侵入性的方式，實現了腦與腦之間的通訊。

神經學家的實驗構想就是**利用既有的網路傳達路徑，使人類大腦直接互相通訊**。方法與腦機介面的實驗很類似。

所謂的腦機介面，就是連結人類大腦與電腦的技術。利用電腦讀取大腦電波，對義肢等機械下達指令，類似於運用思考操作的機械手臂。前述的哈佛大學實驗，就是讓起點的大腦電波，對遠距離的另一個大腦下達指令（實際上是傳達想法）。

這場實驗有四位志願者，其中一位負責發送訊息，接上腦機介面裝置，其餘三位負責接收訊息，也另外接上裝置。

研究團隊提示單純的訊息，再由發訊者轉換成神經訊號。例如「一」就動動手、「零」就動動腳等。電腦記錄大腦的活動，將對應的語言編譯成神經編碼（Neural coding）。

志願者們接收到遠端傳來的神經編碼訊息後，其大腦皮質會受到刺激，便開始讀取訊號並解讀訊息。

這個計畫最後成功實現，顯示除了聲音和文字訊息外，人類還可能透過新的傳達途徑溝通。也許在不久的將來，我們就可以透過這種方式與腦中風患者溝通。

這不就是真正的心靈感應嗎？

念寫，跟著底片一起消失的超能力

讓心中浮現的風景或想法，具體顯現在紙上，這種超能力叫做「念寫」（Thoughtography），以前曾經轟動一時，甚至成為奇幻作品的題材。

念寫不需要照光，只要用意念就可以在乾版[75]或底片感光。

心理學家福來友吉是最早關注念寫現象的人。他讓超能力者長尾郁子透視玻璃版的文字，卻意外發現念寫能力。後來，他把封印的玻璃乾版交給長尾郁

75 Dry plate，十九世紀時盛行的攝影方式，其影像底材是精緻的平板玻璃，因此也俗稱「玻璃版」。

子，讓她思考文字、人物和風景，據說還真的取得圖像。

為了辨明真偽，連物理學家都跑來一探究竟。一九七〇年代的念寫超能力者，引發社會的廣大關注。雖然當時學術界也曾針對此事進行研究，但是真實性至今沒有獲得證實。

到了現在，念寫超能力出場的機會大幅減少，最大主因是我們已經很少使用底片。

你有底片相機嗎？除了對攝影感興趣的人以外，應該絕大多數人的回答都是「沒有」。底片相機早已被數位相機取代，且現在還有技術日益進步的智慧手機內建相機。

由於**底片使用率非常低，念寫被搬上檯面的機會也就越來越少**。再加上比起其他超能力，念寫顯得相對單調，所以也比較不受關注。

不過，近年來出現了不必動手就可以把想法圖像化的技術。

加拿大WOMBO公司開發的ＡＩ服務「Dream」，這款軟體可以根據內建主題畫出抽象畫，還可以保存圖像，並分享到社群媒體。

透過 Dream 製作的藝術作品已經超過一千萬張，可以想見其熱門程度。而且製作方法超級簡單，你只需要輸入簡短主題，再從十六種圖樣中選擇自己喜愛的風格，ＡＩ就可以畫出精巧圖像！

瞬間移動的夢想

與念寫截然不同的「瞬間移動」，則往往給人強烈的視覺衝擊。

超能力者突然消失，下一刻就在遠處現身——人類長久的夢想，就是可以瞬間移動，於是在創作中，就出現任意門（日本漫畫《哆啦Ａ夢》）和現影術（英國小說《哈利波特》〔*Harry Potter*〕）等瞬間移動魔法。

這種夢幻的瞬間移動，與其努力實現，不如利用戲法騙過觀眾！

最簡單的方法，就是利用雙胞胎。即使不是真的雙胞胎也無妨，只要容貌相似，足以讓觀眾誤以為是「同一個人」就可以。

覺得「怎麼可能是騙術」的人，或許都太小看瞬間移動的難度。物質要從某處，瞬間移動到另一處場所，需要很龐大的能量，現實中不可能做到。

超自然現象本來就特別引人注目。如果戲法被揭穿，電視的收視率會減少，雜誌的銷售也會慘澹。如果不是故意找碴的科學主義者，通常不會對瞬間移動者追根究柢調查。從這個角度看，可疑的超能力者也有他存在的價值呢！

幽浮與未知生物

天空中飛舞的圓盤，曾經為許多人帶來無限遐想，但這已經是過去的事。

日本福岡縣八女市星野村的「星之文化館天文臺」，公開了不明飛行物（Unidentified Flying Object，縮寫為UFO，因此也稱「幽浮」）的真面目：雲朵、飛機雲、飛蚊症、飛機、飛機的反射光、行星、一等星之類的恆星、探照燈、人造衛星、電線、曲面鏡的反射、流星、火流星、人造衛星的反射光……。

關於UFO的真面目說法很多，事到如今已很難再說是「不明飛行物」。

接著談神祕生物（UMA）。其中，最具代表性的就是「尼斯湖水怪」（Loch Ness Monster）了。有人在蘇格蘭的尼斯湖，拍到巨大的水生生物，長長的脖子從水面伸出，看起來像恐龍。

目前已知照片純屬捏造。經過

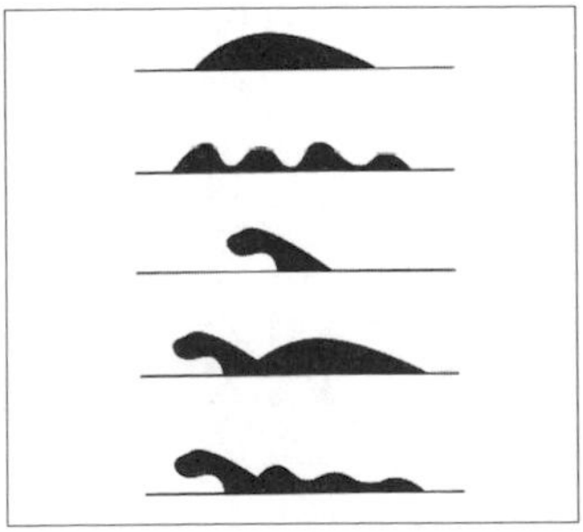

▲目擊者所描述的各種水怪形狀。（圖片來源：維基共享資源公有領域。）

▶1952年，在美國紐澤西州（New Jersey）上空拍到的不明飛行物。（圖片來源：維基共享資源公有領域。）

多次調查，沒有人在尼斯湖找到那隻一夕揚名的怪物，也沒有發現相關的生存跡象。尼斯湖水怪有各種目擊資訊，人們為了查清真相，動用了衛星和聲納探測器展開搜索。難道，水怪真的能巧妙躲過所有搜查嗎？

尼斯湖水怪的真面目到底是什麼？

關於這點，曾出現一份有趣的調查報告。紐西蘭等各國的研究團隊持續分析尼斯湖中的DNA殘留物，並於二〇一九年發表尼斯湖水怪的真面目很可能是「巨型鰻魚」。

這份報告仰賴的是基因組定序技術，分析水中殘留的微量皮膚和排泄物的DNA，藉此查出湖中存在哪些生物。

研究團隊從尼斯湖抽取DNA，再與已知物種的基因資料庫做比對，調查是否真有未知生物存在。

「錯認」和「謠言傳播」，的確可能產生怪物！

靈異照片是這樣拍出來的

從前的靈異節目，一定會出現靈異照片。隨著底片相機到數位相機，再到智慧手機，近年來靈異照片已經越來越少被提及。

靈異照片，可以用「空想性錯視」（Pareidolia）的概念解釋。

空想性錯視是一種心理現象，當人透過視覺和聽覺接收到資訊，往往會用自己已知的概念做解釋。例如，把雲的形狀看成動物，把牆壁上的汙漬看成人臉等。

除此之外，人的大腦會自動

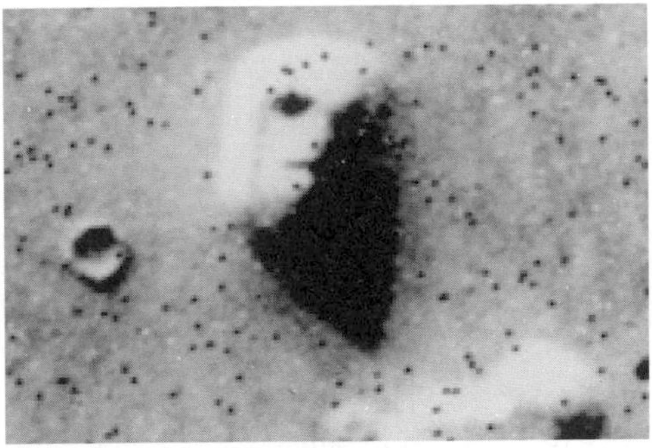

▲火星北半球塞東尼亞區（Cydonia）的一張衛星照片，常常被稱為「火星人臉」，並被當作外星生命存在的證據之一。但後來多角度的高清照片顯示出這張「人臉」只是岩石天然形成。（圖片來源：維基共享資源公有領域。）

將三點集合成人臉，這種「擬像現象」（Simulacra）也有一定影響（按：例如「囧」字即因為其楷書外觀像是人失意的表情〔下垂眉眼與張大的嘴〕，而成為流行的表情符號）。

以前的照片畫質絕對不會太好，尤其是拍到靈異照片的情況，大多是在夜晚或下雨天，照片中模糊的部分也會增加。當你有意識的凝視照片時，就會覺得好像看到了「某些東西」。

此外，前面也有提到，現在要後製圖像非常容易。只要有心，想要多少張靈異照片都沒問題。

以上探討許多超自然現象，結論是「超自然熱潮都是人為創造」。以當今的科學技術來看，過去認定是超能力的恐怖現象或是怪異現象，都非常缺乏可信度。

運用意識的集中與擴散、不惜捏造的誇大演出，以及表演時安排暗樁等，戲法往往比現象本身更吸引觀眾。

為了證實現象的真實性，一定要在嚴格的條件下進行多次驗證。實際上，目前尚未有超自然現象能獲得科學證實。

當戲法或機關被拆穿，我們可能會覺得悵然若失，或因為被欺騙而感到憤怒。既然如此，不妨試著「以娛樂的心情發現超自然現象的魅力」，姑且把真假放一旁，沉浸在想像力和奇妙現象帶來的愉悅，其實也很好。

一九七〇年代興起超自然熱潮，剛好是近代科學和技術急速發展的時代。也或許有些人是因為想逃離現實，才沉迷於超自然現象。當時的時代背景，也助長了超自然熱潮的發展。

那麼，詛咒在未來會變怎樣呢？

以後可能會出現更多虛構的奇怪現象。透過Photoshop等後製修圖軟體、ＡＩ生成圖像的技術，以及高度發展的音效軟體等，都更容易騙過人類的視覺和聽覺。**面對人類正快速發展的科學技術，詛咒只是暫時屈居下風而已。**未來，人類或許會受到另一種型態的詛咒威脅。

番外篇

科技能破解詛咒，也能創造詛咒

你聽過延展實境（Extended Reality，簡稱XR）嗎？XR結合真實世界與虛擬環境，其中包含虛擬實境、「擴增實境」（Augmented Reality，簡稱AR）和「混合實境」（Mixed Reality，簡稱MR）的尖端科技，蘊含了巨大詛咒的可能性，甚至可能造就出全新詛咒。

以下介紹一些有趣又可怕的XR技術。

首先介紹「VR鬼屋」，就是利用VR技術，讓遊客體驗身歷其境的恐怖感，近年非常流行。

例如日本大阪的枚方公園，曾引進鬼壓床VR遊戲（按：為二〇一九年夏季的鬼屋活動）。透過VR技術，玩家可以體驗惡靈逼近、被鬼壓床動彈不得的臨場感，再加上立體音響，成功使鬼屋的恐怖感更上一層樓。

ＶＲ是透過專用眼鏡，掌控玩家的視覺和聽覺。其實光是視覺，就占去人類知覺的八〇％至九〇％，所以ＶＲ效果對我們的認知影響力非常大。

如果能透過衣服掌控觸覺、溫度與痛覺，我們就可以進入截然不同的世界。技術發展到這種程度，距離詛咒實現只有一步之遙！

另一個技術要介紹的是ＶＲ斷頭臺。

虛擬社交平臺「VRChat」裡，有一個世界叫做「Battle of Camlann」。這個世界一片陰暗，只設置了一座斷頭臺，和幾張椅子。**曾有玩家到這裡體驗被斬首的感覺，明明是虛擬的世界，卻讓玩家真實世界中的身體極為不適，無法動彈、冷汗直流，幾乎失去意識**。也就是說，這個空間內發生的虛構情節，也會對身體造成影響。

在「Battle of Camlann」世界，可以看到斷頭臺逼真的鋸齒。被斬首的玩家無法選擇刀刃落下的時機，而是由其他玩家全權決定，簡直就像真實的處刑情節。

如果創造出更有行刑氣氛的環境，更有臨場感的同時，大腦可能也會對「行刑」信以為真。利用VR技術體驗死亡，未來可能成真！

後記
時至今日，詛咒仍充滿魅力

謝謝你閱讀到這裡。

這是我第一次獨力寫書，執筆多有生疏，深刻感受書籍能夠上架有多麼不容易。過程雖然略有曲折，這本書仍順利出版，真的非常高興！

如同前言所說，我本來就對詛咒和魔法很感興趣，也很愛閱讀國外的奇幻作品，尤其喜歡「魔女」題材的作品。每當讀到魔女使用魔法的場景，年幼時的我都會十分雀躍。

後來，我走上探究科學的道路，發現現實也與奇幻世界一樣有趣！

讀完中島羅門的長篇作品《加大拉之豬》（按：描寫超自然、宗教與占卜的懸疑小說，一九九四年日本推理作家協會獎得獎作）後，我開始萌生「想寫詛咒相關書籍」的想法。揭穿不可思議現象的主角，真的很帥！這本書怎麼這麼有趣！當時我真的深受感動。

新冠肺炎爆發後，更加深我執筆的決心。看到那些不相信科學的人，以及各種對新冠肺炎的看法，我發現許多以前從未注意到的事。**從一個角度看到的真實，換到另一個角度看卻未必正確**。經過這場疫情，我覺得必須更認真面對學問。

「詛咒」一詞，蘊含了無限的可能性和魅力。否則，怎麼會到現在都還深具影響力，經常被拿來當作創作的題材呢？

另一方面，詛咒二字往往帶有負面印象，很容易招致誤會。我希望能讓更多人了解詛咒，且輕鬆看待詛咒，所以寫了這本書。

即使到了二十一世紀，日常生活的偏見和誤解還是有很大的影響力。在往後的世界，「深入思考事物，探究真相」的習慣會更加重要。我也期許自己不要腦袋空空的過日子。

念大學以後，我就開始創作小說，尤其偏好奇幻小說和純文學。在學生時代出書是我的一大目標，本書能順利出版，也是實現了我的一個夢想。

我的目標是當上醫師，同時也繼續創作。為了成為獨當一面的醫師，我必須通過臨床實習、國家考試和初期研修等各種考驗。享受忙碌充實的日子，同時也加倍努力學習。

最後，感謝找我合作的Discover 21出版社、出版甲子園事務局的工作人員，以及所有協助出版的相關人士。

本書參考資料
請掃描QR Code

TELL 051

歷史上不可碰觸的詛咒

那些官方認證、當時的常理無法解釋的不可思議現象，至今能用科學解開多少謎團？

作　　者／中川朝子
譯　　者／賴詩韻
責任編輯／連珮祺
校對編輯／陳竑悳
美術編輯／林彥君
副 主 編／馬祥芬
副總編輯／顏惠君
總 編 輯／吳依瑋
發 行 人／徐仲秋
會計助理／李秀娟
會　　計／許鳳雪
版權主任／劉宗德
版權經理／郝麗珍
行銷企劃／徐千晴
行銷業務／李秀蕙
業務專員／馬絮盈、留婉茹
業務經理／林裕安
總 經 理／陳絜吾

國家圖書館出版品預行編目（CIP）資料

歷史上不可碰觸的詛咒：那些官方認證、當時的常理無法解釋的不可思議現象，至今能用科學解開多少謎團？／中川朝子著；賴詩韻譯 . -- 初版 . -- 臺北市：大是文化有限公司，2023.03
224 面；14.8×21 公分 . --（TELL；51）
ISBN 978-626-7251-28-7（平裝）

1. CST：世界史　2. CST：咒語

711　　111021669

出 版 者／大是文化有限公司
臺北市 100 衡陽路 7 號 8 樓
編輯部電話：（02）23757911
購書相關諮詢請洽：（02）23757911 分機 122
24 小時讀者服務傳真：（02）23756999
讀者服務 E-mail：dscsms28@gmail.com
郵政劃撥帳號：19983366　戶名：大是文化有限公司

法律顧問／永然聯合法律事務所
香港發行／豐達出版發行有限公司 Rich Publishing & Distribution Ltd
地址：香港柴灣永泰道 70 號柴灣工業城第 2 期 1805 室
Unit 1805, Ph.2, Chai Wan Ind City, 70 Wing Tai Rd, Chai Wan, Hong Kong
電話：21726513　傳真：21724355
E-mail：cary@subseasy.com.hk

封面設計／林雯瑛　內頁排版／王信中
印　　刷／緯峰印刷股份有限公司

出版日期／ 2023 年 3 月　初版
定　　價／新臺幣 380 元（缺頁或裝訂錯誤的書，請寄回更換）
I S B N ／ 978-626-7251-28-7
電子書 ISBN ／ 9786267251263（PDF）
9786267251270（EPUB）